작은 평화

작은 평화

황광지 수필집

불휘
미디어

작가의 말

언니가 찍은 사진으로 포토에세이 『언니의 뜰』을
발간하고 2년이 지났다.
투병 중인 언니는 요양하던 외딴집을 접고
대구에 있는 샬트르 성 바오로수녀원에서 살고 있다.
기도하는 시간 말고는
수녀원 뜰에서 풀을 뽑고 돌을 고르는 일로
수도의 길을 걷는 언니는
로마의 수녀원 뜰에서 했듯이
여전히 '참 좋은 것'을 사진에 담는다.

이번 수필집을 내면서도
기도가 깃든 언니의 사진을 쓴다.
포토에세이와는 달리 사진과 글이 별 연관은 없다.
다만, 사진에 담긴 언니의 진심과
글에 담긴 나의 진심이 닿아 있다는 것일 뿐.

2024. 8. 31.

목차

작가의 말 • 5

무엇으로 사는가 • 9

4월에 앉아 • 12

작은 평화 • 17

WE • 20

밥심 • 25

미술 애호가 G를 따라 • 28

기꺼운 길 • 33

충동 여행, 그리고 100년 • 37

바티카노 • 41

내 그림을 그렸으면 • 44

미오 • 49

타메인을 들어 올려 • 52

성체조배 • 57

시애틀 추장, 바티칸 교황, 여기 우리 • 60

오늘 • 65

거듭된 그림자의 음습에 • 68

우리 성당에 온 소피아 • 73

해맑음 아이들 • 76

자화상 • 81

아득한 인연 • 85

말랑말랑 예쁜 영화 • 89

베토벤 프로젝트 • 92

불똥 • 97

다시 나타난 훈이는 • 100

음악의 힘 • 105

음악의 힘2 • 108

개판 • 113

이제 날아가라 • 116

괜찮다는 말 • 121

거지들 때문에 • 124

햇볕 한 뼘 • 129

팔룡산 저 소나무 • 132

경보 해제 • 137

관계와 교류 • 140

꿈같은 날이 • 145

빈 카페 • 148

붉은여우 • 153

새날 해돋이 • 156

낯선 마카오, 귀한 유적 • 161

로마의 단감나무는 • 164

연못에도 풍경이

무엇으로 사는가

◆

방송 프로그램에서 한 배우를 보았다. 스크린에서도 보이지 않았고, 방송에서도 참 오랜만이었다. 그는 안 보이던 10년 동안 줄곧 그림을 그렸단다. 첫 번째 전시회를 열고 있다고 했다. 클로즈업되는 작품들과 그 설명이 예사롭지 않았다. 키릴이라는 러시아 친구를 여러 화폭에다 각각 달리 그리면서 생각의 깊이가 더해지는 과정이 그랬다. 고마움과 그리움이 돋아난 듯했다. 힘든 러시아 유학 시절 무척 따뜻했던 키릴에 이어 내가 잘 알고 있는 연로한 두봉 주교를 만난 인연을 이야기했다. 그분에게서 선물로 사과 두 개를 받았다. 먹기가 아까워서 두고 보다가 사과가 변해 가는 것에 철학을 씌워 형태를 해체하여 그린 그림들이 있었다. 감화를 받았던 두봉 주교와의 인연을 사과 그림에 고스란히 담았다. 좀 어눌하게 말하는 한마디

마다 철학이 담겨 있었다.

그는 연기를 하면서 늘 남의 이야기를 했지 자신의 얘기를 할 기회가 없었다고 했는데 나는 매우 수긍이 갔다. 그림을 통해 하고 싶은 말을 하고 있다며 그림에 몰두하고 있다는 모습이 진지했다. 멜로 영화의 일인자라고 할 만한 대배우가 그림을 그리며 이토록 사는 맛을 얻다니 놀라웠다. 영화 출연의 욕심마저 묻어두고 그림 작업을 해낸 태도가 내 속에서도 뭉클거렸다.

마침, 나는 에밀리 디킨스의 서간집 『결핍으로 달콤하게』를 읽는 중이었다. 책 속에는 그림들이 많았다. 디킨스의 편지글에 대한 이해를 높이기 위해 여러 화가의 그림을 함께 편집한 책이다. 페이지를 넘기다 그림을 맞닥뜨리면 자주 그 배우의 그림이 떠올랐다. 그림을 통해 하고 싶은 말을 한다는 말에도 고개가 끄덕여졌다. 책 속의 그림을 오래 들여다보며 디킨스의 심중을 헤아리려고 했다. 디킨슨이 쉰 살에 로드 판사에게 보낸 편지에는 결핍으로 달콤함을 절절하게 말한다. 사랑하는 이에게 뛰어들지 못하지만 시를 쓰고 편지를 보내는 생의 맛을 찾는다.

무엇으로 사는가.

생의 또 다른 달콤함을 누리는 그 배우의 진정성이 와닿았다. 지금까지 내가 손가락에 꼽는 배우는 아니었는데, 그가 새롭게 내 주의를 끌어 새로운 생각을 갖게 했다. 웃음기가 없는 얼굴, 시치미를 뚝 떼고 그림을 이야기하던 그가 자못 진지해서 훅 이끌렸다. 대배우가 연기보다 더 치열하게 몸을 던져 그림을 사랑하는 화가가 되었다. 틀에 끼우고 판에 박을 필요는 없다. 노란 사과를 그릴 수 있고, 네모진 사과에 생각이 이를 수도 있다. 나의 사유가 다채로워지면 좋겠다.(2024. 2.)

4월에 앉아

◆

 벚꽃 향기가 더해진 파스타를 포크에 말던 저녁이 떠오른다. 레스토랑 이름조차 '4월'이라니. 출발하는 아침부터 좋아라고 입을 닫지 못한 그날. 줄을 지은 나무와 떼를 지은 사람들 사이로 날리던 꽃 잔치. 섬진강을 따라 구례 헌책방을 만난 휘둥그레.

 목적지는 헌책방이었지만, 가는 길에 들른 하동의 벚꽃에 홀려 시간을 한참 보내고는 강가 책방에서 한가로운 낭만을 찾았다. 모텔을 개조했다는 4층짜리, 무수히 쌓인 책속에서도 내게 필요한 책이 눈에 들어왔다. 늙수레한 부부가 내린 커피는 입에 잘 맞았고, 그들이 이룬 공간은 참 쾌적했다. 강을 향해 열어 놓은 창으로 바람이 들락거리며 헌책들에 묻은 곰팡이 냄새를 데리고 나가는가 보았다.

돌아오는 길이 꽉 막혀 저녁을 먹으며 기다리기로 했다. 쌍계사 쪽으로 차를 돌리고, 다시 우회전으로 돌려 다다른 느슨한 길에서 제대로 맞닥뜨린 4월. "여기다!" 하며 셋이서 손뼉을 쳤다. 치즈도핑이 두터운 피자 조각을 떼며, 남은 이야기로 접고 싶지 않은 하루의 시간을 늦추었다.

이제 나는 마지막에 이른 4월에 앉아 있다. 며칠 전에 생일이었고, 29일 오늘은 나의 수호성인 가타리나의 축일이니 아주 특별한 날이다. 오랫동안 생일보다 더 큰 축하와 기도로 보낸 날이기에 일 년 중에서 이즈음은 들뜬 나날이 된다. 올해는 그 어느 때보다도 촘촘한 감정을 실은 4월을 보내게 되었다. 4월이 시작된 다음날 뜻밖의 나들이에 가슴이 열려 살랑거리는 꽃바람이 일렁이었다. 이 바람이 수그러들지 않게 중순을 기해 나는 좀 센 이벤트를 시도했다.

평택에서 열리는 박신양 화가의 전시를 보는 것. 방송을 통해서 알았던 화가의 그림에 흠뻑 빠져 있었기에. 내 귀띔을 듣고 먼저 다녀온 지인의 찬사에 안달을 내고 있었기에. 평택역에 내려서도 시골로 한참 가야하는 전시장이라 엄두를 내기에 쉽지는 않았는데, 내 손바닥을 쳐 준 두 사람이 있어서 이루어졌다.

배우로서는 그리 애정을 보내지 않았던 박신양의 그림에 나는 매료되었다. 방송에서 보았던 두봉 주교의 사과를 찾았다. 화가는 두 개의 사과를, 나로서는 미처 짐작할 수 없는 색깔과 형체로 수없이 많은 사과로 탄생시켜 놓았다. 화가가 너무도 그리워서 그렸다는 친구 키릴의 얼굴이 수많은 표정으로 나를 맞아주었다. 전시장의 그 많은 당나귀들이 화가의 분신처럼 여기저기서 불쑥불쑥 나타났다. 그의 화두에는 '짐'과 '당나귀'가 따라다녔다. 당나귀 그림 앞에 서면 경건함을 감출 수가 없었다. 예수님이 죽음의 예루살렘으로 입성하며 탔던 어린 당나귀가 떠올랐다. 그림을 통해 구도자의 길을 걷는 듯한 화가를 느낀 때문일까.

전시 타이틀은 〈제4의벽〉이다. 제4의벽이란 연극의 무대와 관객 사이에 보이지 않는 벽을 일컫는 말이란 걸 알았다. 화가는 "제4의벽은 당신의 시선으로 완성되는 전시입니다."라고 써놓았다. 나는 그림 전체에서 배어나는 박신양의 고독을 온몸으로 느끼며 인간의 고독을 공감했다. 왜 그림을 그렸냐는 많은 지인들의 끝없는 질문에 지쳐, 책을 쓰게 되었다는 화가의 책을 구입했다.

   나는 4월의 끝자락에 앉아 쏟아지는 축하메시지나 통화로 좀 분주한 하루를 보내고 있다. 때맞춰 좋아하는 비까지 내려 가슴이 촉촉이 젖고 있다. 구례와 평택과 축일 사이를 이으며 이 달을 엮어 주었던 소중한 다른 일들도 떠올려 본다. 보내야 할 시간, 그리워서 곧 고독해질 시간을 생각하며 다시『제4의벽』책장을 넘긴다.(2024. 4.)

전쟁에도 수녀원을 지키신 평화의 모후

작은 평화

◆

저녁기도의 시간에까지 내 얼굴에 다시 웃음이 지어졌다. 오늘 내내 작은 평화가 내 안에 머물러, 간간이 꺼내지고 있는 게 분명하다. 주님께 향했던 마음을 조금 덜어 신부님께로 보낸다.

    판공성사를 보려고 평일 아침미사에 일찍 나갔다. 고해소 앞 의자에 내가 먼저 앉고 그 뒤로 서너 명이 더 자리를 채웠다. 30분전이니 넉넉할 것이라는 예상과는 달리 한참 시간이 흘러버렸다. 미사안내를 돕는 한 자매가 이상하다며 두리번거렸다. 앞쪽에서 일보던 수녀님도 상황을 살피느라 여기저기 기웃거렸다. 미사시간이 다가오니, 기다리는 줄에서도 서로 무슨 일인가 하면서 수군댔다. 나는 맨 앞이라 성사를 볼 수 있겠거니 하면서도, 다른 날에 준비해야 할까 하는 조바심도 생겼다.

거의 미사시간이 임박해서 헐레벌떡 나타난 신부님이 사제실로 급히 들어가고, 내가 고해실로 들어갔다. 신부님이 성호경을 긋고, 다짜고짜 "많이 기다리셨지요. 정말 미안합니다."라고 진심을 담아 사과를 했다. 내 입에서 저절로 웃음이 "흐흐흐" 터져 나왔다. 고해소에서 사제의 고해를 듣다니.

한평생 고해성사를 봤지만, 볼 때마다 긴장되는 게 고해성사다. 죄를 고하려면 괜히 노랑목소리가 되어 스스로 민망할 때도 있다. 그런데 이 순간에 긴장이 날아가고 평화가 날아와 앉았다. 내 목소리는 떨림 없이 기쁨이 스몄고, 주님의 이름으로 죄를 사한다는 신부님의 목소리는 한층 포근하고 따뜻했다.

보속으로 받은 기도를 바칠 때도 십자가를 바라보며 벙글거렸다. 미사를 드리는 시간에도 잔잔한 평화의 물결이 남실거렸다. 고해소의 그 짧은 시간에 꽃핀 작은 평화가 자꾸만 꼼지락꼼지락 했다.

살다가보니 이럴 수도 있구나. 주님을 대신해서 죄를 사하는 사제라는 신분이기에 시침 떼고, 고해만 들어주어도 죄인인 나는 감지덕지하며 물러나왔을 거다. 그 사제가 내게 먼저 용서를 청하니 나는 웃게 되었다. 고해소에서 눈물이 번진 때는 몇 번 있었지만, 웃은 건 처음이다. 빙그레도 아니고 소리까지 내어서.

젊은 보좌신부는 부임한 지 얼마 되지 않았지만, 자상한 성품으로 인해 나이든 신자들의 주의를 끌었다. 나도 저런 아들 있었으면… 하는 마음을 갖기도 했다가, 내 아들도 엄마한테 한다고 하는데… 하면서 실소를 짓기도 했다.

평소에도 웃음을 머금게 하는 사제가 고해소의 긴장까지 풀게 하며 고해성사에 대한 '선한 기억' 하나 새겨주었다. 그분이 오랜 시간이 흘러도 한결같기를 기도하며 하루를 끝냈다. 가슴에 담긴 평화와 함께 잠자리에 들었다.(2023. 3.)

WE

◆

우리는 리움을 곁에 둔 우아한 거리에서 만났다. 미술관이 있는 언덕으로 오르는 주변은 예술을 컨셉으로 조성된 듯하여 마냥 기분이 좋았다. 예약한 세 가지의 전시 중 먼저 마우리치오 카텔란 전시에 들어갔다. 처음 접하는 작가여서 흥미로웠다. 극사실적 조각과 회화가 주류를 이루며 대부분 미술사를 슬쩍 도용하거나 익숙한 대중적 요소를 교묘히 이용한다는 안내 글이 궁금증을 자아내게 했다. 전시제목은 〈WE〉라고 하였고, 그 말이 전시관의 사람들과 작품 속의 사람들을 가까이 있게 만드는 것 같았다. 38점 작품을 아껴 가며 보았다.

마주하는 작품들은 정말 친근하면서 엉뚱하고 신기했다.

나는 '아버지' 작품 앞에 오래 머물렀다. 험한 발바닥 한 쌍을 그린 그림이었다. 패이고 더러워진 발에서 멍에를 진 삶의 무게를 여실히 느끼게 했다. 부활절을 지낸 직

후이라 나는 여지없이 십자가에 매달린 예수님의 못 자국을 연상했다. 이탈리아 사람인 작가이니 여러 가지가 내포되었으리라 여겨졌다.

너는 학구적인 사람답게 예습을 많이 해 온 덕분에 내게 조금씩 귀띔해서 참 좋았다. 네가 아니면 그냥 지나쳐 갈 작품에 더 머물러 음미하는 시간이 있었다. 일련의 전시순서를 벗어나, 뜬금없이 로비의 무리 속에 전시된 노숙자 조각까지 샅샅이 찾고 감탄할 수 있었다. 귀한 만남을 넌 더 귀하게 했다.

카텔란은 미술을 잘 모르는 사람이라 할지라도 재미를 가지게 만들었다. 천정, 바닥, 귀퉁이 한구석 등 전시공간을 다각적으로 구성하여 역동적인 시선을 이끌었다.

우리는 설치구조 꼭대기에 높이 앉은 양철북 소년을 발견하고 함께 웃었다. 까마득히 올려다보아야 하는 소년이 웃을 일은 아니지만 웃음이 나왔다. 뜻밖의 장소, 뜻밖의 인물이 우리를 사로잡았다. 이제는 지나가서 다른 작품에 다가갈 때 양철북 소리가 나서 고개를 돌리고, 소년을 바라보았다. 다른 작품을 보는 동안에도 간격을 두고 북소리가 울리면 고개를 빼서 소년을 찾았다. 2층 전시실의 다른 각도에서 눈높이가 가까워진 소년을 보았고, 북소리가 날 때마다 미소를 머금었다. 각자 더 선호하는 작품이 있겠지만, 소년에 대한 짠한 마음과 소리에서 오는 반가움을 함께 가졌다.

나는 카텔란 작품 속의 억압과 풍자를 점점 이해할 수 있었다. '무제'로 표현된 많은 작품들은 관람객에게 생각할 자유를 주었지만, 예상치 못한 제목에서는 더 깊은 생각에 빠지게 했다. 그 중 하나가 '어머니'였다. 신체는 흙 속에 완전히 매몰된 채 두 손만 마주하여 밖으로 내민 처절한 그림이었다. 팔목이 털투성이라 남자 손으로 보이는데 제목이 '어머니'였기에 울컥 올라오는 감정을 삼켰다. 죽을 만큼 힘든 삶을 버텨야 하는, 때로는 기적 같은 큰 힘을 자아올려야 하는 어머니를 느끼게 했다.

너는 '찰리는 서핑을 안 하잖나'를 보고 돌아서며 예사로운 상징이 아니라고 낮게 말했다. 면벽하여 학교책상에 앉은 소년은 두 손을 책상위에 올려놓았고, 양 손등을 긴 쇠꼬챙이로 박아 책상에 고정되어 있다. 넓은 방에 설치된 터라 자그마한 소년의 뒤가 더 침울하게 가슴으로 파고들었는지도 모르겠다.

우리는 마지막 전시여정에 이르렀다. 거기는 다른 곳과 달리 관람객들이 길게 늘어서 있어 궁금했는데, 관람에 시간을 요하는 작품이었다. 안내자가 세 명씩 세우고 차례대로 이동하게 했다. 끝에서 두 번째 작품은 놀랍게 바티칸의 시스틴성당을 본떠 축소한 작은 성당이었고, 그 바로 앞에 끝 작품 '아홉 번째 시간'은 운석에 맞아 쓰러진 요한바오로2세 교황이 십자가를 든 조각이었다. 나는 제목을 보고 대번에 십자가의 길에서 '제9처 세 번째 넘어지신 예수님'이 연상된다고 말했다. 너는 예습해 온 운석을 맞아 눌린 교황에 대해 말했다. 이분은 이미 성인의 반열에 오른 교황인데, 권위와 억압에 대한 카텔란의 표현은 솔직했다. 이 기발한 이탈리아 작가는 바티칸의 대표적인 성당과 대표적인 인물로 전시를 마무리하며 사람들에게 사유와 토론거리를 안겨주었다.

우리는 거의 토론을 하지는 않았다. 나는 카텔란이 던져주는 풍자를 안고 사유의 시간을 가지게 되었다. 서울여행에서 너를 만나 자유로운 하루를 누렸다. 너는 항상 역동적인 생활을 하고, 요즘 새로운 삶을 설계하는 중이라니 카텔란의 사람들을 기억하면 좋겠다.(2023. 4.)

그늘을 드리우는

밥심

◆

　마스크를 한 수녀님의 콧등에 땀이 맺힌 듯하다. 제대 위에서 움직이는 동선에 새삼 시선이 간다. 선풍기의 방향을 가늠하느라, 초에 불을 붙이느라 움직이는 모습. 미사 봉헌내용 기록을 사무장에게서 받아 제단에 올려두는 것에도 눈길이 간다. 미사가 시작되기 전, 만사가 제대로 되어 있게끔 돌보는 정성을 새롭게 바라본다.

　며칠 전 처음으로 수녀님들과 밥을 같이 먹었다. 보송한 큰수녀님과는 달리 땀을 뻘뻘 흘리고 나타난 작은수녀님이 유쾌하게 웃었다. 모인 자매들이 땀 흐르는 것을 위로했더니, 자신은 밥을 무척 좋아해서 땀쯤이야 괜찮다고 호탕하게 또 웃었다. 마스크에 가렸을 때는 몰랐던 수녀님들의 소탈함에 함께한 자매들이 서로 마주보며 좋아라고 웃어댔다.

웃음의 절정은,

작은수녀님이 피정을 가는데 캐리어 속에 4kg짜리 쌀 포대를 넣고 갔다는 에피소드였다. 밥을 엄청 좋아하기에, 피정집에서 밥이 부실할까봐 준비했다는 말에 좌중은 박장대소 웃음바다가 되었다. 한 자매가 집에 남아도는 쌀 포대를 수녀원으로 당장 가져가겠다고 약속까지 했다. 요즘 세상에 누가 밥을 그렇게 먹는다고, 쌀이 많아서 나라도 걱정인데, 애국자네요, 라고 한마디씩 덕담을 나눴다. 수녀님이 땀과 밥심을 개방한 덕분에 첫 만남의 서먹함이라곤 없이 정다움이 넘쳐났다. 몇 년간 마스크 너머로 바라만 보던 수녀님들과의 친교가 단번에 무르익었다. 늙수그레한 신자들과 큰수녀님은 작은수녀님의 힘 넘치는 이야기에 덩달아 힘이 났다.

나는 빵을 좋아하고 하루 한 끼 정도는 빵으로 해결하려는 식생활이 몸에 배어 있다. 그런데도 밥 많이 먹는다는 수녀님이 참 좋게 멋지게 보이는 이 심리는 뭔지. 비싼 고기도 아니고 값싼 밥에 기우는 푸근한 인간미 속에서 선량한 수도자의 모습이 내 눈에 읽혔나 보았다. 젊은 수녀님의 소박한 토크가 꽃처럼 피어났고, 엔도르핀이 쏟아진 시간이었다.

성전 앞쪽 자리에서 나는 미사 시작을 기다리며 묵상에 잠기려 하다가도 자꾸 곁눈질이 된다. 쌀자루도 거뜬하게 든다고 하던 수녀님의 말이 떠올라 내 얼굴에 미소가 번진다. 첫영성체교리를 할 때도 아이들이랑 밀고 당기며 땀 꽤나 흘렸을 테지. 교리 후 이어지는 미사시간에 아이들을 성전 앞자리에 가지런히 앉게 하려는 수녀님의 발걸음이 씩씩하게 느껴진다. 밥심이리라. 쌀밥 한 그릇 앞에 놓고 활짝 웃는 작은수녀님의 행복한 얼굴을 상상하니 기분이 포슬포슬해진다.(2023. 5.)

미술 애호가 G를 따라

◆

닭을 무척 좋아하는 G가 뒤따르는 넷을 돌아보며 한마디 던졌다. "닭이 이런 장소에서 이렇게 대접을 받고 있네!" 그 말에 넷은 한 눈으로 앞에 걸린 그림을 예사롭지 않게 바라보았다. 그가 미술에 관해 하는 말은 늘 신뢰가 가기에 전시장 다른 그림을 볼 때보다 더 주의를 기울였다. 파초 아래 잘생긴 수탉 한 마리가 당당한 자태로 선 그림이다. '계호평명鷄呼平明'이란 제목을 달았다. 닭이 밝은 평화를 부른다는 것, 닭은 어둠을 깨우고 동이 트는 것을 알려주는 동물이라는 것. 한국전쟁으로 인한 혼란한 상황 속에서도 평화를 향해 나아가길 염원하는 박승무의 1950년 작품이었다. 전시된 수묵화의 다른 그림에 비해 무채색이 아닌 밝고 선명한 색이 눈길을 잡았다.

이응노미술관에서 〈70년 만의 해후〉란 제목으로 이응

노와 박승무 두 화가의 예술적 교감을 이룬 전시를 보는 것은 G가 기획한 일이다. 전국에 흩어져 사는 다섯이 오랜만에 대전에서 만나게 되었다. 대전 가까이 세종에 사는 그가 모임에 의미를 더하려고 일정에 미술관 관람을 넣었다. 마침 이응노와 교류한 박승무의 작품이 한 공간에 전시되어 더 한층 의미가 깊었다..

충남 홍성 출신의 이응노와 충북 옥천 출생의 박승무에 대한 예술적 교감을 살피는 전시라고 써 놓았다. 동양화의 현대성을 꾀하며 고군분투한 이응노와 전통회화를 고수하며 자신만의 개성을 발휘한 박승무를 비교하려고 나는 눈을 크게 떴다. 경향은 다르지만 서로를 존중하였다는 두 화가는 자연을 향한 시선에서 모아졌다. 인간과 상생하는 조화로운 관계를 표현한 점이 공통적으로 드러났다고 했다.

나는 요즘 자연에 대해 '관심'을 넘어 '애착'이라고 할 만큼 몰두해 있기에 더욱 솔깃했다. 동양화의 거의가 자연을 소재로 한 것이기는 하지만, 그냥 보이는 것을 그린 것과 철학이 담긴 것은 깊이가 다르지 않은가. 특히 이응노는 자연의 모습을 똑같이 따라 그리는 일에 전념하는 것을 경계하되, 자연을 느끼고 대화하며 그 본연의 모습을 드러내고자 했다고 했다. 이것이 바로 '우리의 미학 개념'이라며.

G는 먼 곳에서 온 넷을 위해 미리 전시관을 답사한 덕에, 설명이 필요한 작품에서는 슬쩍 운을 떼었다. 과하게 아는 체를 하지 않으려고 노력하면서 낮은 소리에 알맹이를 담았다. 대전의 자부심이라 할 수 있는 이 미술관을 알게 하려고 했다. 파리에 동양미술학교를 설립해 수묵화와 서예를 가르쳤던 이응노 화가가 나는 이미 5,60년대에 K-Art를 퍼트렸다는 생각이 들었다. 수묵으로 그린 '구성'이란 작품을 보면서 그가 동양화를 유럽에 받아들여지게 하려했던 정신을 함께 짐작했다.

오랜 친분을 가진 넷은 고예술품 갤러리를 방불케 하는 G의 집을 잘 알고 있다. 그 집에 걸려 있는 이름 있는 화가의 액자들을 기억하고 있다. 크고 작은 각기 다른 느낌의 닭 작품들이 놓여 있는 구석구석도 대강 머리로 그리고 있다. 진해에 살 때도 대전과 세종에서도 그 집을 방문하면 예술품 감상에 먼저 시간을 보냈다. 그의 안목과 해박함에 감탄을 쏟기 일쑤였고, 미술품에 돈 쓰는 삶의 방식에 대해 존경을 표했다.

    나는 얄팍한 지식뿐이라 G가 설명하는 말에 따라 정성껏 귀와 눈을 기울였다. 이름만 그럭저럭 알았던 고암 이응노, 이름도 낯설었던 심향 박승무에 가까이에 다가갔다. 파리와 대전에서 각각 죽었고 묻혀 있는 곳도 다르지만 우리의 일정에 두 대가가 함께했다. G가 은근하게 애쓴 덕분이었다.(2023. 4.)

닿는 곳

기꺼운 길

◆

결국 수졸당을 찾아냈다. 티브이에 나온 승효상 건축가의 작품이라는 것을 알고 꼭 보고 싶었다. 유홍준 작가의 부탁에 따라 개인 주택을 '빈자의 미'로 이루었다는 설명에 마음이 매우 동했기 때문이었다.

'수졸당 보기'를 불쏘시개로 하여 나는 4박 5일의 서울 봄나들이를 기획했다. 숙소를 정하고, 1일 1구경이나 지인들 만나기로 짜 넣었다. 나는 고심하며 수졸당을 넣을 자리를 이리저리 옮겨가며 적당한 일정에 붙였다. 그곳을 검색하다 보니 마련해 놓은 숙소가 뜻밖으로 같은 논현동인 것에 무릎을 쳤다. 일이 순조로울 징조였다.

정말 순조로웠다. 데레사 덕분이었다. 아침부터 자진해서 파주로 데려가고 절두산성지를 덤으로 안겨 준 그에게 말 꺼내기가 무척 민망했는데, 듣자마자 '기꺼이'라며 반겼다. 내 이야기를 듣고 그의 호기심이 더 발동하는 것 같았다. 개방된 집도 아니고, 오래된 주택가 골목의 한 집을 찾는 것이 수월하지는 않았다. 좁은 길 때문에 미안함을 말하는 나를 토닥이며, 매끈하게 운전 실력을 발휘했다. 이 부탁을 못했으면, 나는 걸어서 찾아보려고 했는데 딱 그 집 앞에 차를 붙여 세웠다.

담벼락에 붙은 두 뼘쯤 겨우 되는 나무판에 '수졸당'이라 작게 쓴 것을 읽자, 고요한 동네가 울리도록 반가운 소리를 질렀다. 번지르르하지 않음에 안도했다.

승효상이 추구하는 '빈자의 미학'은 '가난한 사람의 미학'이 아니라 '가난할 줄 아는 사람의 미학'이라고 했다. 건축에서도 '비움의 아름다움'을 지향해야 한다고 한다. 빈자의 미학이 완성된 곳이 수졸당이란다. 수졸당은 '졸렬함을 지키는 집'이란 뜻인데, 동선이 복잡하기로 유명한 집이라고 한다. 아파트의 편리함을 쫓지 않고, 오고가면서 보이고 느끼는 것을 얻으려는 뜻을 담았다는 설명을 보았다.

얼른 보면 주택가의 다른 집이나 비슷하다. 나는 워낙 보고 싶은 집이었기에 만나니 예술 작품처럼 보였다. 승효상의 색깔이 느껴졌다. 촘촘한 격자무늬 나무대문이 눈길을 끌었다. 주인을 부를 수도 없으니 격자 구멍 사이로 뜰을 살폈다. 대문과 뜰 사이에는 가름막이 놓여 있고, 거기에 '夢·中·外·雲' 같은 글자가 보였다.

내가 승효상을 알게 된 것은 명례성지역사서를 만들면서이다. 이름도 모르던 건축가였는데, 명례성지의 신석복마르코기념성당을 설계한 인물이다. 그때 설계를 의뢰한 이제민 신부는 '빈자의 미학'이란 그의 예술철학에 끌렸다고 했다. 소금장수인 복자순교자 신석복을 기리는 성당이 화려하지 않기를 바랐다. 콘크리트 공법으로 하여 눈에 도드라지지 않은 성당은 완공된 뒤에 여러 사람들의 비난을 받았다. 신자들은 개신교 건축가의 어떤 부분 설계를 문제 삼기도 했다. 하지만 나는 이제민 신부가 설명하는 건축가의 의도를 속속들이 기록한 입장이라 그의 철학에 기울어져 건축을 이해했다.

그런데 얼마 전 그 건축가는 방송에 나와 명례성지뿐 아니라 양덕동성당을 설계했다고 말했다. 내가 다니는 이 성당은 고 김수근 건축가의 작품으로 이름이 널리 알려져, 나는 늘 자부심을 가지고 있었다. 들어 보니 김수근의 제자로 있던 때에 승효상 건축가가 도맡아 수행했다는 것을 뒤늦게 알고 놀랐다. 그 시간에, 덧붙여 수졸당까지 알게 된 나는 기를 쓰고 서울로 향하게 되었다.

골목길에서 보물찾기처럼 주의를 기울였던 시간, 보물을 찾아 나눈 것처럼 흐뭇했던 데레사와 나였다. 데레사를 명례성지로 불러 그 성당 건축을 보여주고 싶다. 또 수졸당처럼 있는 듯 없는 듯 눈에 잘 띄지 않는, 승효상의 건축을 몇 군데 더 찾아보고 싶기도 하다.(2023. 4.)

충동 여행, 그리고 100년

◆

 방송을 보다가 그곳에 가고 싶은 마음이 피어올랐다. 서울 서대문구에 살았던 임 시인에게 바로 문자를 보냈다. 3·1절 100주년을 기념하여 돈의문박물관마을, 한양도성, 영천시장, 독립문, 서대문형무소 쪽을 같이 걷자고 했다. 방송에서 동네한바퀴 기웃거리며 돌아다니는 남자배우처럼 우리도 슬슬 네댓 시간 걸어보자고 제의했다. 흔쾌한 문자 답이 오고 사흘 후로 날을 쏜살같이 잡았다.
 충동적인 진행이지만, 나는 짬을 내어 영화 〈항거, 유관순 이야기〉를 보고 나름대로 준비했다. 영화배경의 대부분이 서대문형무소였다. 그리고 그날 마산에서 새벽 고속버스에 가볍게 몸을 실었다. 전날 고 이효정 시인의 아드님 전시회가 열린 울산 방어진에 다녀온 피로가 아직 좀 남아 있었지만.

수 년 만에 만난 임 시인과 얼싸안고 인사했다. 둘이서 먼저 찾은 곳은 서대문형무소역사관. 형무소 모습을 그대로 유지한 채 이제 역사관으로 운영되고 있었다. 본관 전면을 가득 채운 대형 태극기가 3·1절 100주년을 말해 주었다. 영화에서 본 분위기와 흡사한 전시관에서 절로 숨을 죽였다. 그러다 놀라운 것을 보았다.

'경성트로이카'

눈을 크게 떴다. 경성트로이카 코너가 눈앞에 있다니, 등줄기가 뜨거워졌다. 가향 동인 이효정 시인에게 들었던 이름이다. 실화소설 『경성트로이카』에서도 보았던 이재유, 이현상, 김삼룡이 거기 있었다. 트로이카 조직에서 활동했던 여고생 박진홍도, 우리 가향 동인의 이효정도 전시되어 있었다. 흑백사진의 동덕고등여학생 이효정.

아- 생각지 못한 이효정 시인을 여기서 또 만나다니. 전날 전시회 그림에 그분이 있었다. 화가 아들은 모친을 큰 해바라기 그루 곁에 그려놓았다. 아흔을 훌쩍 넘긴 줄어든 몸피를 지팡이에 의지한 모습이었다. 생전의 마지막 사진처럼 생생했다. 그 전시회도 3·1절 100주년기념으로 이효정 독립운동가 후손에게 열어준 초대전이었다. 이효정 시인이 자녀들을 낳고 살았던 울산에서.

시종일관 나는 몹시 들떴다. 영화에서 서대문형무소와 유관순을 보았고, 맞춘 듯이 울산에서 그림 속 이효정 독립운동가를 보았다. 연이은 3일의 여정이 서대문형무소에서 완성되는 것 같았다. 임 시인과는 유관순보다 경성트로이카에 대해 더 많은 이야기를 나누었다. 월북남편으로 인해 인고의 세월을 보낸 이효정 시인이 늦게나마 독립유공자로 서훈되었고, 이승을 떠나 현충원에 안장된 것까지.

3월 초순 낮시간의 볕은 포근했다. 미세먼지가 물러간다는 예보가 있었기에 마스크도 내리고 슬슬 걷는 걸음은 편안했다. 독립문을 지나고, 영천시장으로 들어가 소문난 꽈배기를 하나씩 입에 물었다. 이어질 코스는 서두르지 않기로 했다.

임 시인과 헤어져 고속버스를 타고 마산으로 향했다. 충동으로 가볍게 차에 올랐던 새벽과는 달리 진한 감정들이 가슴에 들어찼다. 서대문형무소, 유관순과 독방, 경성트로이카 사람들, 가향 동인으로 함께했던 이효정 독립운동가, 나라를 버리지 못해 목숨을 버려야 했던 윤동주, 홍릉에 잠든 고종, 아~ 대한민국.(2019. 3.)

님께 바치는 한송이

바티카노

◆

누가 내 글을 읽었다는 말만으로도 반색을 하게 된다. 거기다 감동을 받았다고 하면 가슴이 뛰는데, 립 서비스가 아니고 진심이 오롯이 느껴지면 몸 둘 바를 모른다. 글 쓰는 사람이라면 누구나 글에 대한 칭찬이 으뜸이다.

내 글에 감동했다는 요한 씨를 만났다.

요한 씨는 대구 성모당과 수도원을 곁으로 한 남산동 성당 입구에서 제법 규모가 큰 성물가게 '바티카노'를 운영하고 있다. 나는 한참 쓰던 팔찌묵주가 동강나버린 터라 그 가게에 들어갔다. 같이 간 동생이 나를 소개했.

"작가님!" 하며 요한 씨는 놀라 반기더니, 바로 긴 진주묵주를 가지고 다가왔다. 세 번 돌려 손목에 차는 거라고 설명했다. 손목에 차보니 꽤 괜찮기는 했다. 그래도 다른 몇 개를 기웃거리며 착용해 보는 동안 그는 진주묵주를 손에서 놓지 않고 따라다녔다. 조금 기다리다 그가 수줍어하며 이게 제일 잘 어울리고, 꼭 선물하고 싶다고 또 다가왔다. 나는 어울리는 건 좋지만 선물하겠다는 말에 펄쩍 뛰었다. 내 글을 읽고 엄청 감동받았다고 해서 매상을 올려 주고 싶은 마음이 꿀떡같았으니 말이다. 손사래를 쳐도 안 돼서, 그러면 선물은 받고 다른 묵주를 더 사겠다고 해도 그는 단호하게 말렸다. 이 묵주가 망가지면 다시 사라고 했다. 폐를 끼치고 싶지 않은 마음에 나는 울상이 되었고, 그는 내 손목에다 일명 못난이진주로 만든 하얀 묵주를 기어코 채워주며 좋아했다.

요한 씨는 내가 출간한 신앙수필집 한 권을 어느 신부님에게서 받아 읽고 감동했다는 말을 어쩌다가 동생에게 했다고 한다. 동생이 반가워서 내가 쓴 다른 책 한 권을 선물했단다. 그는 동생이 가까운 수도원에 있으니 언젠가 나를 만나게 되리라 생각했는지 모른다. 나는 그날 대구에 갔다가 처음 들은 이야기라 참 즐거웠는데, 손목에 차고 나온 묵주에는 자꾸 얼떨떨했다.

처음에는 바티칸을 순례하는 것처럼 '바티카노'에서 찬찬히 둘러보며 이것저것 골라 보려는 계획이었다. 선물

때문에 부리나케 그 가게를 물러나야 한 게 참 서운했지만, 요한 씨의 진솔한 마음이 가슴에 담겼다. 요즘은 형제들마저도 내가 쓴 글을 건성으로 넘기는 것 같았는데, 글을 아끼고 좋아하는 그가 남달리 느껴졌다. 하얀 진주처럼 빛나 보였다.

    진주묵주를 벗어 놓을 때도 차고 나갈 때도 묵직하고 반들거리는 촉감에 더해 요한 씨의 마음이 어른거린다. 내 글이 더 깊이가 더해지고 내 기도가 더 충실해지기를 바란다. 그나저나 바티카노에는 다시 갈 수 있을지.(2024. 4.)

내 그림을 그렸으면

◆

진즉 그림을 배우지 않았던 것이 후회가 되었다. '하!' 하며 그림에 대한 간절한 마음이 생겨났다. 내 글에 남의 사진을 곁들여 책을 발간한 적이 있지만, 김주대 시인의 문인화첩을 보면서 매력에 빠져들었다. 나는 그림을 참 좋아하지만 문인화에 대해서는 그리 흥미를 두지 않았는데, 이번에는 달랐다.

"꽃아, 내가 견딜 수 없는 나를 네가 견뎌다오."

첫 장의 글과 무더기 참꽃 아래 뒷모습으로 앉은 사내를 보고 잠깐 마음이 멈칫했다. "목련꽃 지기 전에 한번 다녀가든지" 다음 장에도 사내는 돌아앉아 있었다. 나는 그림에서 돌아앉은 사내를 시인으로 간주했다. 상주에서 태어나 어린 시절 외할머니를 어머니로 알고 자랐다는 그 약력의 첫 행이 시리게 파고들었다.

"탕, 탕, 목련꽃 터진다. 꽃 피는 소리 한 그릇 받아둘 테니 꽃이 져도 오시라."

무더기 목련꽃 아래 놓인 그릇 속에 한가득 꽃 피는 소리가 담기는 듯했다. 이건 그림이라야만 되겠다는 것, 문인화를 그리는 시인을 이해했다. 그는 2014년부터 시를 그림으로 그렸다고 했다. 시를 언어로 전부를 포획할 수 없는 실재는 가끔 감각적 이미지에 의해 확연해질 때가 있다는 시인의 말에 깊이 공감할 수 있었다. 나는 그가 그림에 천재적인 재능을 지닌 것이 분명하다고 믿으며 책장을 넘겼다. 10년 정도에 이렇게 붓을 다룰 수가 있단 말인가. 여러 번 되물으며 그의 이력을 되짚기도 했다.

그가 그린 작은 것들을 대하면서, 비어 있는 것을 대하면서, 인정스러운 것을 대하면서 자꾸만 울컥거렸다. 짠하기도 하고 고맙기도 한 물기를 눈에 달고, 나는 기대에 차서 다음 장 다음 장을 넘겼다.

"인간사 정이 그리워 찾은 바다. 갯바위에 올라 바라보는 옆에 갈매기 한 마리 날아와 나 한 번 바다 한 번 떠나지 않고 쳐다본다. 인정스럽다." 갯바위에 선 시인의 뒤를 나는 갈매기가 하듯이 쳐다보았다. 그는 뒷모습으로, 세상을 외면하는 것이 아니라 세상을 향해 예민한 눈길을 보내고 할 말은 하여 '사람'의 의무를 다하려 한다. 통일전망대의 철조망과 잠자리를 그리며 새로운 시를 창조하는 시인이다. 한반도의 긴장을 잠자리의 곡예로 그리며 말한다.

맨 마지막 장은 '영혼의 형제들'이란 제목을 달았다. 이글거리는 글자체로 태양을 만들며 열기를 길게 적었다. "온몸의 태양을 묻히고/ 눈감는 매캐한 살코기들/ 익은 나무와 흙과 물들"과 같은 열기 서린 글 아래 눈감은 고양이와 그 코앞에 지친 잠자리. 기후위기에 직면한 바로 오늘이다.

김주대 시인의 문인화첩 『꽃이 져도 오시라』의 프롤로그에 쓴 글을 몇 번이나 읽었다. "문인화 속의 글과 그림은 서로를 보완해 주는 보완제나 보조제가 아니라, 서로 만나 새로운 의미를 창출해내는 주체"라고 했다.

나는 새로운 의미를 창출해내는 주체라는 것에 전적으로 동의가 되었다. 학창시절, 그림에 끌려 진로를 잠깐 고민했던 오래된 시간을 되돌려보기도 했다.

나는 어떻게 하면 글을 잘 쓸까, 잘 전달할 수 있을까, 내가 가진 속내를 효율적으로 표현해 볼까 하는 고민에

놓일 때가 많다. 그래서 사진과 컬래버 하기도 하지만, 이 책의 절묘한 그림들을 보는 동안 '내 그림을 그렸으면, 그림을 그렸으면' 참 부러웠다.(2023. 8.)

흐린물 속에서 핀 맑은 꽃

미오

◆

미오에 대한 마지막 사진과 메시지는 숙연했다. 귀한 사람의 임종을 대하듯 가슴이 서늘하더니 요동쳤다. 조카를 떠나보내는 것처럼 아린 감정이 솟구쳤다.

언니 이름으로 형제들이 공유하는 커뮤니티에 오른 소식. 로마 수녀원에서 한 수녀님이 보낸 미오의 마지막 길을 언니가 받은 그대로 전달했다. 전날 저녁기도에 무거운 몸을 끌며 성전을 찾은 미오를 보고 수녀님들은 어떤 낌새를 느꼈다고 했다. 그리고 오늘 새벽 미사시간이 되자 성전 근처에 다다랐다가 어디론가 사라졌단다. 미사가 끝나고 "미오!" "미오야!" 부르며 수녀원 곳곳, 정원 구석구석 찾아다녔지만 흔적이 없었다고.

미오를 딸처럼 돌보다가 언니는 한국으로 급히 오면서 젊은 수녀님에게 부탁했다. 맡은 수녀님은 투병하는 언니에게 미오 소식을 보내며 위로했다. 때로는 언니가 사용하던 방문 앞에서 떠나지 않는 미오의 안쓰러움을 전해오기도 했다. 하얀 미오를 들여다보며 함박웃음을 머금고 자랑하는 언니가 좋아 나도 형제들도 덩달아 "미오, 미오"라고 애정을 드러냈다.

젊은 수녀님이 "미오가 마지막까지 기도를 바치고, 짐이 되지 않으려고 자취를 감추어버렸다"라고 애도했다. 로마 수녀원에서 언니가 돌보면서, 미오는 수도자들만 들어가는 성전에도 출입하는 특혜를 누렸다. 고양이가 기도를 하는지는 몰라도 수녀님들의 기도가 끝날 때까지 경건한 자세로 함께했단다. 말이 별로 없는 언니와 말이 없는 미오가 눈빛으로 주고받는 이야기들이 수녀원의 풍경이 되어 전해졌다.

그러한 인연의 생명이니 언니에게 만큼은 아니지만 우리 형제들에게도 여간 큰 상실이 아니었다. 아린 마음을 꾹 참는 언니에게 우리는 온갖 안타까운 말로 아픔을 표현했다. 병실에서도 늘 늙은 미오를 걱정했던 언니였기에, 그걸 우리도 잘 알고 있었기에.

죽을 고비를 넘긴 언니는 지금 대구의 수녀원에서 생

활하며 뜰의 풀과 자갈을 손질한다. 화초들이 살아나게 돌보기도 한다. 그런데 고양이 두 마리가 언니 곁으로 다가왔다는 소식이다. 아주 아기 때부터 키운 귀티 나는 미오와는 다르겠지만 정이 드는 건 시간문제일 텐데. 고양이를 거둔다고 때로 비난받는 캣맘처럼 수도원생활에서 눈에 가시가 되지는 않아야 될 텐데.

  언니가 이번에는 예쁜 이름을 짓지는 않지만, 그 둘을 바라보는 눈에서 꿀이 떨어진다고 옆에서 전했다. 이번에는 뜰에서만 만나는 인연이라 다행이긴 한데.(2024. 5.)

타메인을 들어 올려

◆

미얀마 양곤 거리에 타메인이 바리케이드처럼 쳐졌다. 시가지를 가로질러 전깃줄에 널린 알록달록한 타메인들이 숙연하게 침묵하고 있다. 타메인은 미얀마 여성들이 입는 전통치마라고 기자가 소개한다. 민주주의를 부르짖는 민중들과 시위를 제압하려는 군부의 대척점에서 치마들이 힘을 보태고 있다.

먼 나라 미얀마의 시위와 제압으로 인한 폭거가 매일 심각함을 더해가고 있는 중의 한 날이었다. 마침 3·8세계여성의 날을 맞이한 때에 등장한 새로운 저항 방법으로 타메인을 앞세웠다. 남성우위의 나라, 여성에 대한 인식이 낮은 미얀마에서는 '타메인이 걸린 빨랫줄 아래로 지나가면 힘을 잃는다.'는 미신이 예로부터 전해지고 있다. 행운이나 영광, 영향력이나 권력 같은 운이 떨어지는 것을 우려하여 치마 밑을 통과하지 않으려는 것이라고 한다.

실제로 총을 든 군인들이 치마 밑을 지나가지 않으려고, 널린 치마들을 바닥으로 떨어트리느라고 지체하고 있었다. 시위대가 시간을 벌 수 있는 광경이 보인다. 미얀마 국민은 군부의 무차별 총격에 속출하는 희생자를 줄이기 위해 분산하여 시위를 벌이고 있다. 각 마을 입구에 마련한 빨랫줄에도 타메인을 즐비하게 널어놓았다. 군부와 맞닥뜨리는 시간을 조금이라도 더디게 하고, 피할 시간을 만들려는 노력이었다.

아주 오래오래 전 기억이 떠올랐다. 아버지나 남동생이 누운 머리맡으로 여자가 지나가면 재수 없다고 어머니가 소리치던 광경이다. 정작 어머니 머리맡은 여자니까 큰 상관이 없었다. 우리나라에서도 심했고, 여전히 남아있는 남존여비. 미얀마의 시위는 이것을 역으로 이용하여 저항의 기세를 더하고 있다. 어디에서고 여성의 힘이 숨죽이고만 있지 않은 것을 본다.

'태권 소녀'라 불리던 열아홉 살 치알 신의 죽음은 뉴스를 쉬이 떠나지 않고 미얀마를 바라보게 했다.

'Everything will be OK 잘 될 거야'라고 쓴 티셔츠를 입고 시위에 참여했던 그 아이는 밝았고, 다른 사람을 챙길 줄 알았고 용감했다. 총격에 죽을 것을 대비해 장기기증을 서약해 놓았던 소녀는 민주주의를 아는 철든 여성이었다.

    치맛바람, 치마부대라는 말이 늘 부정적인 의미로만 쓰이는 것이 아니다. 때로는 필요한 바람을 일으키고 힘을 모아 세상을 보란 듯이 변화시키기도 한다. 패대기쳐지는 한이 있더라도 저 치마 타메인을 들어 올린 것이 무척 자랑스럽게 느껴진다. (2021. 3.)

'Everything be OK'
잘 될 거야

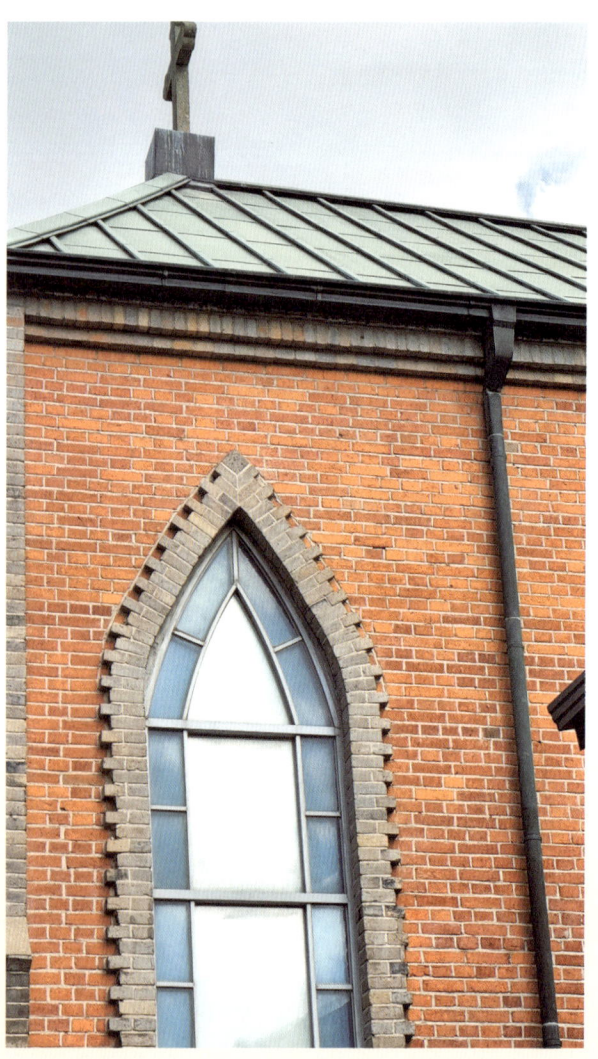

성전

성체조배

◆

오전 시간을 혼자 보내기로 했다. 어제까지는 그리도 비가 뿌리더니, 모처럼 해가 나왔다. 호텔에서 건너다보이는 클라인미켈성당으로 향했다. 일주일간 바라만 보던 성당 가까이로 가니 바로 옆에 가톨릭아카데미라는 큰 건물이 있었다. 루터교회가 주류를 이루고 가톨릭교회는 드문 함부르크인지라 반가운 마음이 번졌다.

성전 문을 열었다. 텅 비었지만 안온했다. 십자가의 예수님 양쪽에 소형 오르간 파이프가 보이고, 고개를 돌리니 성가대에는 대형 파이프오르간이 놓여 있다. 파이프오르간의 본고장이라 할 함부르크라 작은 성당에도 이렇게 설치되어 있구나.

양쪽 창에서 들어오는 빛으로 십자가 그림자가 우도, 좌도처럼 그려졌다. 죄를 용서 받는 도둑의 그림자가 커졌다. 이 성당의 구유는 특이했다. 제대 앞에 밤을 말하는 까만 바탕색에다 양과 천사, 세 박사와 목자들은 그림으로 표현하였다. 그림 아래 중앙에 성가정만 조그맣게 조형으로 차렸다.

성체조배를 하는 동안 이국의 낯선 성당 내부를 잠깐씩 두리번거렸다. 일반적인 성전과 달리, 십자가의 길 14처가 제대 뒤쪽으로 통로가 난 곳에 배치되어 있는 듯했다.

한 시간 동안 성전의 관찰과 여정에서 얽힌 생각들조차도 기도로 바치고 일어섰다. 궁금한 제대 가까이 우측으로 다가가자 손바닥만 한 주조물은 제1처 '예수님 사형선고 받으심'이 맞았다. 제대 뒤 반원으로 난 십자가의 길이 무척 숙연하고 흥미롭기도 했다. 성탄시기이지만, 그 길을 걷지 않고 떠나올 수는 없었다. 방금 탄생하신 아기 예수님에게는 좀 송구스런 기도이지만 '십자가의 길'을 바치기로 했다. 어차피 이 탄생은 인간의 구원을 위한 가시밭길을 예약한 것이니. 다시 이곳에 올 수 없는 것이니, 십자가의 길 기도를 바쳤다. 탄생을 기리는 구유를 바로 곁에 두고, 죽음을 기리는 기도를 바치는 아이러니도 함께 봉헌했다. 14처를 지나 제대를 마주하며 나는 부활의 시간으로 나아간다.

함부르크여행 일주일을 보내며, 특히 어제는 일정이 매우 흐렸다. 비가 추적추적 내리고, 유학생 젊은 조카가 안내하는 곳은 그리 탐탁지 않아 어둔 날씨만큼이나 시큰둥했다. 가라앉은 기분을 다스리는 것으로 심호흡이 필요했다. 오늘 조카가 준 오전 자유시간에 성당으로 발걸음을 놓길 백 번 잘했다.

내가 묵고 있는 호텔 바로 곁에 여행자들에게 유명하고 웅장한 루터계 미켈교회가 있다. 그 인근에 있는 클라인미켈성당은 '작은 미켈'이라고 하여 이름이 붙여졌다. 이곳에서 내 여정은 충전이 되어, 들뜨며 다음 일정을 기대했다.(2023. 1.)

시애틀 추장, 바티칸 교황, 여기 우리

◆

이번에는 뜬금없이 그가 그림책을 소개했다. 자신이 한번 빠져들면 다른 사람에게도 길게 늘어놓는 사람이라, 나는 딴청을 피우려고 하다가 마지못해 얼굴을 마주했다. 꼭 보기를 바란다며 내가 '시애틀 추장'이라고 메모하는 것을 지켜보았다. 건성으로 받아 적었지만, 왠지 끌리는 데가 있었다. 며칠 뒤 도서관 유아코너에서 대출한 얇고 넓적한 그림책 『시애틀 추장』이 흥미로웠다.

 수잔 제퍼스의 섬세한 그림이 바짝 시선을 사로잡았다. 백여 년 전 시애틀 추장의 연설을 엮은 글이 울컥 깊은 곳 마음을 길어 올렸다. "우리는 알고 있지, 이 땅은 우리의 소유가 아니라 우리가 이 땅의 일부란 것을." 나는 페이지를 매우 천천히 넘기면서 프란치스코 교황을 떠올렸다. 회칙 「찬미받으소서」를 기억했다. 엄중하게 메시지를 호소하는 교황의 얼굴이 숲에 선 추장에게 겹쳤다.

교황은 오늘날 문화와 생태 위기의 심각성에 대한 인식은 새로운 습관으로 이어져야 한다고 누누이 강조했다. 특히 환경에 대한 책임 교육은 환경 보호에 중요한 영향을 주는 여러 가지 행동을 고무할 수 있다고 했다. 너도나도 지구위기에 대한 심각성을 알고 있기에 그 반향이 컸다. 회칙 「찬미받으소서」는 2015년 5월에 반포되어 지구와 인류 공동체의 생태적 위기에 대한 경각심을 환기했고, 2020년 코로나19가 전 세계적으로 확산되면서 다시 주목받았다. 반포 5주년을 맞으면서 '찬미받으소서 주간'을 지정했고, 1년간을 '찬미받으소서 특별 기념의 해'로 선포하였다. 그리고 이듬해 전 세계 교회가 7년 여정을 걷게 출발했다.

요즘 나의 관심사가 '환경위기'였기에, 7년 여정이란 과제에 잔뜩 마음을 두었다. 교황의 메시지에 주목했고, 뿌듯하고, 자랑스러웠다. 피조물을 사랑한 성인 프란치스코의 이름을 택한 교황의 행보에 기도를 진심으로 보탰다. 교황청의 제안에 따라 전 세계 가톨릭교회가 동참하는 이 캠페인에는 '행동 7년 플랫폼의 7가지 목표'가 있다.

지구의 부르짖음에 대한 응답, 가난한 이들의 부르짖음에 대한 응답, 생태경제학, 검소한 생활양식 채택, 생태교육, 생태영성, 지역·국가·국제 차원에서 피조물 보호에 대한 공동체의 능동적 참여.

벌써 7년이 지나가고 있다. 나는 무엇을 했는가. 메시지에 공감하고 박수만 치고 있었는가. 나 혼자만 애써보았자 소용없는 일이라며 무디어지고 있을 때, 시애틀 추장이 묵직한 한 방을 날렸다.

미국 피어스 대통령은 인디언 추장의 연설에 감동하여 도시 이름을 '시애틀'로 지었다고 한다. 비록 백인에게 땅을 뺏기고 구석진 자리로 쫓겨나면서도 추장은 '땅에 대한 당부'를 의연하게 쏟았다. "이제 당신들이 이 땅을 가진다고 하니, 지금 이대로 이 땅의 모습을 지켜가라. 당신의 아이들을 위해 땅과 대기와 강물을 보살피고 간직하라. 우리가 사랑했듯 똑같은 마음으로 그것들을 사랑하라."

수잔 제퍼스가 그린 그림을 오래도록 들여다보았다. 되돌려 넘기기를 몇 번이나 거듭했다. 숲에 가려진 동물들을 하나하나 찾아 보듬었다. 꽃무리 속에 잠긴 인디언 부족의 행복을 함께 느꼈다. 호수 위나 숲속에 '숨은 그림'처럼 그려진 그들 조상의 얼굴을 찾아 애정을 보냈다. 떠나는 추장의 간절한 바람이 내게 와 닿았다.

   백 년 전에 했던 염려가 지금은 더 다급하게 되풀이되고 있다. '더 늦기 전에'라는 말에 두려움이 몰려오다가도 안이함에 빠지기 일쑤다. 내게 책을 소개한 그의 마음을 알겠다. 일하는 틈틈이 식물이나 동물의 생태에 눈과 마음을 한껏 기울이는 그다. 우리는 어찌해야 되는지를 알면서도 실행을 모른다. 수많은 이해들이 우리를 흔들어 놓기에. 그 이해타산에서 벗어날 수 있어야 하는데.(2022. 4.)

오늘 핀 꽃

오늘

◆

오늘 친구남편의 부고를 받았다. 파도에 휩쓸려 떠나버렸다고 했다. 멍-하니 한동안 창밖을 바라보았다. 무엇도 보이지 않았다. 머리가 멍하니 시선도 흐리멍덩해졌다. 머릿속이 안개에 갇힌 것처럼 되어 당장 슬픔도 느끼지 못할 친구가 짐작되었다. 사람들은 태풍이 지나가는 끝자락에 아직 풍랑이 센데, 바다에는 뭣 하러 갔느냐고 할 것이다. 미쳤다고 할 것이다. 뭐에 씌었다고 할 것이다.

　내 남편도 그랬다. 센 태풍이 산의 흙을 쓸어내린 뒤, 아직 단단해지지 않았는데 호기 좋게 올랐다. 벼랑에서 미끄러져 그대로 떠나버렸다. 사람들은 태풍 뒤에 산에는 뭣 하러 갔느냐고 했다. 미쳤다고 했다. 정말 남편은 난蘭에 미쳐 있긴 했다.

　미쳐서 죽음에 이르는 것은 좋은 것인가, 미친 짓인가.

급하게 남편을 보낸 이후에 오랜 세월 속에서 곰곰이 생각하는 화두가 되었다. 때로는 죽은 사람만 안 되었다는 말을 듣기도 하고 또 다르게는 죽은 사람은 좋은 나이에 좋아하는 장소에서 행복하게 갔다고도 한다. 내 생각은 후자 쪽이 더 강하다. 물론 함께했으면 좋았을 아기자기한 일들이 생길 때마다 전자가 떠오르는 때가 가끔 있기도 하지만.

젊음에서 늙음으로 진행하려는 쉰여섯 살의 남편은 자신이 무지하게 사랑하는 희귀한 난을 찾겠다는 설렘 가득 안은 채 떠났다. 심장마비라니 고통도 없이.

친구남편은 바닷가에서 살았고 노상 바다 속에서 자랐다. 이제 직장에서 물러나 한가롭게 될 예순아홉 살, 그는 나이든 친구들이 물가에서 노닥거리는 사이 엄청 친근한 바다에 풍덩 뛰어들었고 파도가 그를 덮쳤다.

사람들은, 친구 셋은 물가에서 노는데 왜 혼자서 수영을 했느냐고 할 것이다. 아무리 수영을 잘했어도 젊을 때와는 다른데 나이를 생각하지 않았느냐고 할 것이다. 그의 만용을 빈정거릴 것이다.

하지만 나는 아무 말도 할 수 없었다. 오늘 예고 없이도 불려갈 수 있음을 나는 오래 전 겪었다. 그래서 오늘을 정성껏 살 뿐이다. 더 나이 들지 않은 남편을 생각한다.(2019. 8.)

거듭된 그림자의 음습에

◆

내게는 F4라는 지인그룹이 있다. 나와는 나이 차이가 제법 있긴 하지만 사회복지 일을 하면서 의기투합이 잘 되었던 동지들이다. 그냥 Friend, 친구 4명이라고 F4이다. 이 F4에게 요 몇 년 이별의 위기가 들이닥쳐 서로 끙끙 앓고 있다.

F1이 먼저 이별을 맞이해버렸다. 자신을 곁에서 살뜰하게 뒷바라지해 주었던 여동생이 암 진단을 받고 손을 제대로 써보지도 못한 채 황망히 세상을 떠났다. 겨우 쉰 살이 된 동생을 보내는 때에 우리는 그를 바라보기가 힘들었다. 일찍 부모를 여의고, 어쩌다 독신으로 산 그에게는 피붙이의 느닷없는 죽음이 이만저만 충격이 아니었다.

그 일을 겪고 나니, 우리는 F2가 떠날 수도 있겠다는 생각에 조마조마했다. F2는 이태 전부터 암 투병을 하고 있었으니 말이다. 사회복지 일을 함께할 때도 워낙 성격이 활달하고 몸을 던져서 일하는 스타일이라 아파도 거뜬히 치유되리라는 기대 같은 것이 있었다고나 할까. 그런데 더 젊은 사람이 속절없이 떠나는 걸 보니 마음 놓을 일이 아니었다. 병의 진행과 치유에 더 관심을 기울여야 했다. 부친, 남편, 딸 셋, 챙겨야 하는 식구가 많은 F2는 그 식구들의 입과 눈이 큰 힘이 되는 듯했다. 다행히 잘 이겨내며 점점 허리를 펴는 중이다.

나 F4에게 위기가 닥친 건 지난해 4월이다. 로마에 있던 수녀언니가 중병으로 갑자기 귀국하여 우리 형제자매들이 매달리게 되었다. 한참 오래전 세상을 떠난 부모 대신 의지하던 언니이니, 부모 곁으로 보내서는 안 된다고 울며불며 뛰어다녔다.

코로나 팬데믹이 세상을 누르고 있는 때이니 초조함이 겹겹이 더해졌다. 제대로 만나지도 못할까봐 조금만 더 살게 해달라고 기도했다. 언니는 대수술을 받고 항암치료 속에서 죽었다 살아나기를 여러 번 하며, 그래도 지금까지 주님을 찬미하고 있다.

"하이쿠!" 소리가 절로 났다. 올여름 F3마저 모친이 쓰러져 병원에 입원했다고 했다. 그는 서원한 독신이라 오랫동안 홀로 원룸에 살다가, 모친과 살림을 합쳐 알콩달콩 산 지 얼마 되지 않았는데! 연로한 모친이니 쉽사리 집으로 돌아가지 못하고 일반병원에서 요양병원으로 옮기는 과정을 거치며 애태우는 걸 지켜보게 되었다.

잘 나가던 F4에 우환의 릴레이가 이어져 만남이 전과 같지 않게 되었다. 서로에게 위로하는 말문이 자주 삐걱거리며 막혔다. 처음에는 세상에 이런 일이 있냐고 반문하다가, 거듭된 그림자의 음습에 손을 들었다. 우리는 각자의 일로, 자신의 병으로, 가족 뒷바라지로 자주 만나지는 못하지만 깊은 깨달음을 얻었다고 주고받는다. 때로는 어두움에 초연해져서, 의연한 태도를 가진다. 주님께서 부르시면 어쩔 수 없구나! 더 많이 아픈 순서대로도 아니고, 나이 많은 순서대로도 아니라, 데리고 가시면 따라야 함에 고개를 끄덕인다.

지금 멀쩡한 나라고 마음을 놓지 않기로 한다. 우리는 저마다 노심초사하며 백방으로 손을 쓰고, 라자로를 살리신 것처럼 기적을 달라고 기도로 매달리지만, "다 내려놓아"라고 하시면 겸허히 손을 펼칠 마음을 굳게 한다. 이제 '영원한 생명'에 대한 말귀를 조금씩 더 새겨 나가야 한다.(2022. 11.)

내가 걷는 뜰

우리 성당에 온 소피아

◆

성당 작은뜰에서 올려보며 건물 사진을 찍는 젊은이가 설핏 보였다. 미사를 비롯한 오전 일들을 끝내고 화장실로 들어가는 순간이었다. 변기에서 마음이 급해졌다. 늙수그레한 신자들이 주로 오가는 평일에 저리 젊은 여성이 보이다니…. 정성 들여 사진을 찍다니…. 그가 떠나가기 전에 얼른 나가봐야겠다는 생각뿐이었다.

아, 작은뜰에 아무도 없었다. 에이 참, 하며 주차장이 있는 큰뜰로 나아갔더니 거기에 그가 있었다. 성모상을 찍고 돌아서는 참이었다. 나는 함박웃음을 담고 그를 반겼고, 내 속에서 이 성당에 대한 주인정신이 고개를 세웠다.

서울서 왔다는 그가 건축학도는 아니지만, 김수근 건축가가 설계한 양덕동성당을 알고 있었다. 서울의 불광동

성당과 다른 건축물도 서로 말하며 공감대를 만들었다. 열차를 타고 지금 막 마산역에 내렸다고 했다. 우리 성당을 보고, 문신미술관으로 갈 것이라는 이 젊은 여성이 참 대견하고 사랑스럽기까지 했다. 나는 간략하게나마 건축을 설명하겠다고 그를 이끌었다.

건축가는 50년 전 양덕 들판에 수정이 놓인 형상으로 성당을 설계했다는 것. 크게 '신의 영역'으로 오르는 경사길과 '인간의 영역'으로 나아가는 아랫길을 염두에 두었다는 것. 그리고 인간의 영역 끝자리에 옛 사제관이 있고, 붉은 벽돌의 사제관 벽면에 설치한 성모자상과 담쟁이덩굴을 설명했다. 지금은 마른 담쟁이덩굴이 흔적만 남았지만, 젊은이가 섰던 작은뜰이 얼마나 정답고 예뻤던 장소인지를 한껏 자랑했다. 이 뜰은 내가 가장 아끼고 좋아하는 공간인데 이제 많이 손상되어 제 모습이 아니라는 아쉬움도 덧붙였다.

요즈음은 뜸하지만, 예전에는 김수근의 건축물을 찾아오는 건축학도들이 많았다. 기본적인 틀이야 그대로지만, 누수와 마모로 인해 군데군데 덧대거나 교체한 터라 제대로의 모습은 한계를 드러낸다. 그러나 김수근 건축가가 젊은 나이에 타계했고, 양덕동성당이 귀한 작품으로 남아 그를 기리고 있다. 나는 우리 성당의 역사를 정리하는 일에 참여하였기에 이 건축물에 대한 애정이 사그라들지 않는다.

직장에 휴가를 얻어 홀로 지역의 건축물을 찾고, 미술관을 방문하려는 젊은이의 발걸음이 놓이고 있었다. 어릴 때 세례를 받았고 지금은 쉬고 있는 '소피아'라고 했고, 엄마는 레지오 활동을 한다 해서 반가이 손을 잡게 했다.

나는 "소피아 씨~" 하고 정을 많이 담아 불렀다, 마산에서 뜻있는 1박 2일 여정이 되기 바란다고 말했다. 내가 잘 알고 있는 문신미술관이라 따라가겠다는 말이 삐져나오려는 걸 겨우 삼켰다. 암만 기특하지만 거기까지는 아니라는 생각이 들었다. 내가 몹시 아끼는 우리 성당을 모처럼 정성껏 소개한 것으로 내 몫은 충분했다고.(2024. 6.)

해맑음 아이들

◆

 아들딸 쌍둥이라서 더 사랑스런 사진이 폰으로 도착했다. 성당에도 안 다니는 절친이 손자들의 첫영성체 사진을 수두룩하게 보냈다. 첫영성체가 뭔지, 그 중요성이 얼마 만큼인지도 잘 모르를 텐데. 그이 아들이 다니는 서울 성당에서 예식에 참여하는 사진과 기념사진들이었다. 두 신부님과 두 수녀님이 함께한 사진을 내가 봐도 감동이니 그는 얼마나 더했겠나. 나는 환호하는 말들로 축하를 보냈다.

 지난겨울 절친의 모친 장례식장에 문상을 갔다가 깜짝 놀란 말을 들었다. 그 가족이 오랜만에 만났는데, 절친도 모르는 사이 아들의 네 식구가 지난해에 세례를 받았다는 것. 빈첸시오와 사비나, 쌍둥이는 프란치스코와 마더데레사라고 했다. 나는 얼마나 반갑던지 영안실이란 것도 잊고, 떠들썩한 칭찬의 말을 쏟아냈다. 전혀 낌새도 없이 느닷없이 듣고 보니 이만저만 반가운 것이 아니었다. 신자인 외할머니 장례에서 신자가 된 소식이라니.

이 가족과 만난 지가 사십여 년 되었는데, 내가 성당에 나가자고 은근히 권해본 적이 있었지만 단호하게 거절했다. 자녀들은 자라서 떠나고, 어른들도 서로 떨어져 살게 되었으니 가끔 만나며 그르려니 하고 지냈다.

장례식장에 다녀온 뒤로 나는 빈첸시오 네 식구를 위해 매일 한 번은 짧은 기도를 바치게 되었다. 중년에 접어드는 나이에 신앙생활을 시작한 빈첸시오가 어려움이 많을 텐데 하는 마음이다. 그 집 아이들이 초등3학년이면 첫영성체를 받아야 하는데 하던 나의 염려가 사라졌다. 우리 아들과 함께 자랐던 동네 아이가 제 아이를 건사하는 든든한 등불이 되었다니.

어제 받은 쌍둥이의 대견한 모습들이 눈앞에 아롱한데, 오늘 아침 평화방송에 나온 신부님은 더 솔깃한 아이들 이야기를 했다. 자신이 사목하는 인천의 청라성당에는 신도시여서 주일학교 아이들이 3백 명이나 된다고 자랑했다. 그 아이들이 하는 말이 신통하고 예쁘다고 신부님

눈에 꽃이 피었다.

    내 가슴에도 꽃이 피었다. 요즘에는 늘 아이가 부족하다는 게 일상적인 말이다. 사회에서도 성당에서도 아이가 없다는 것이 당연한 말인데, 그렇게 많은 아이들이 있다니. 청라성당에는 그 이름처럼 담쟁이덩굴이 푸르게 담벼락을 꾸미듯 아이들이 성당을 빼곡하게 채우나 보았다. 나는 3,40년 전에나 보았던 재재거리는 광경을 그려보며 보송보송한 마음이 되었다.

    밤새 극한 장맛비가 온 나라를 젖게 했다. 뉴스에서는 황톳물이 넘쳐흘렀다. 습도가 몰려들어 방바닥이 눅진하지만, 나는 아이들이 보내 준 해맑음으로 행복을 얻는다.(2024. 7.)

누구든지 이런 어린이 하나를 내 이름으로 받아들이면

나를 받아들이는 것이다. (마태 18,5)

수세미덩굴이 오르는

자화상
- 돌봄 받는 죄인

◆

가난한 마음으로 사는 사람이라고 여기면 그 입에 밥 들어가는 것을 좋아하는 분이 있습니다. 주님의 사랑을 잘 실천하는 그분은 내게도 가끔 숟가락을 들게 마련합니다. 입이 짧은 그분은 내가 맛있게 먹는 입이 보기 좋은지 흐뭇한 웃음을 짓습니다. 아마 잘 먹는 입보다 가난한 마음을 더 좋아하는지도 모르겠습니다.

나는 주님 덕분이라고 생각합니다. 주님의 자녀라는 도리로, 상처받고 소외된 사람들을 돌보았던 지난 시간들이 큰 은총이었습니다. 더불어 내게 가난한 마음이 함께한 것이지요.

다름을 가졌던 여러 사람들이 내 주위에 넘쳐났지만, 그

주위를 에워싼 또 다른 사람들이 울타리를 이룬 때가 많아 거꾸러지지 않은 시간이었습니다.

라포를 형성하고 나면, 서로 껴안고 부비고 털어놓는 것을 받아 안아 힘겹게 나아가려 할 때에 힘겨운 어깨를 토닥여 주는 손길이 곁으로 다가왔습니다.

마침, 이라는 말로 내게 늘 기적이 왔습니다. 마침 사람이 나타났고, 마침 돈이 생겼고, 마침…, 마침…, 마침…,

바로 당신입니다. 여기에까지 이르게 하신 분, 꺾이지 않게 하신 분, 내가 바라보며 줄기차게 걸을 수 있도록 열어 놓아 주신 주님이십니다.

사람과 사람이 고리를 만들어 말씀과 말씀을 엮고 나누며, 나는 새로운 일로 세상의 풍진에 쓰러지지 않으려고 무진 용을 씁니다. 그렇지만 나는 어리석기 짝이 없어 변덕을 부릴 때도 많은 것이지요.

아무렴 어떠냐! 그러다 제자리로 돌아오면 그만이다. 당신께서 이런 말씀으로 붙들어주시니 주저앉지 않고 또 일어나 옳은 일에는 헐벗음을 마다 않고 달려 보려고 합니다.

자비로우신 주님, 우리에게 철을 따라 양식을 주실 분 당신밖에 없사옵니다.(시편145,15)

차오르는 감사의 기도를 올리다가도 자주 분심에 빠져드는 것이 문제입니다. 세상의 잣대를 들고 무슨 일이나 재려는 심보는 좀처럼 누그러들지 않는 것이지요.

카멜레온처럼 변화무쌍한 제 마음 갈래, 제 마음 결이 제대로 주님 뜻에 따르지 못하고 밖으로 나돌기도 합니다.

타인의 품삯이 똑같음을 못마땅해 했던 포도밭 일꾼처럼 나는 더 오래되었는데, 더 많이 일했는데, 하면서 한 데나리온이 놓인 손을 거둬들이지 못했던 때를 뉘우칩니다.

파파 프란치스코 교황은 "나는 죄인입니다. 주님의 돌봄을 받는 죄인입니다."라고 하셨습니다. 이 겸손과 신뢰를 내게도 심으려고 합니다. '돌봄을 받는 죄인'이라면 더할 나위 없이 내 삶은 평화로울 것입니다.

하나하나 새겨봅니다. 내게 주님으로 다가오신 분들이 붙들어주시고, 일으켜주시고, 지켜주시고, 입에 밥도 들어가게 하셨습니다. 나는 쭉- 돌봄 받는 죄인이 되고 싶습니다.(2024. 8.)

야들한 인연

◆

큰 사발에 묵을 한가득 담아 고이 덮어놓고 자리에 누웠다. 이미 저녁을 먹은 뒤라 야들야들한 때깔에 입맛만 다시고 내일 아침을 기다리기로 했다. 한 번도 본 적 없는 묵을 쑨 사람을 생각하며 이리저리 상상의 날개를 편다.

저녁에 내게 묵을 전해준 지인은 귀티 나는 분이라고 했다. 팔순의 부부가 일을 하느라 서울에서 마산으로 오는 길에, 조수석 그 부인이 가끔 묵을 쑤어 안고 온단다. 화사한 웃음으로 받을 사람을 위해 정성을 고이 모은단다. 직접 산에서 주운 도토리를 까고 불리고 갈아 끓이는 내내 멀리 있는 지인과의 만남을 그리며 묵에다 고소함을 한껏 풀어 넣는가보았다.

이태 전인가, 지인의 일터에서 처음 그 묵을 먹었을 때 눈이 번쩍 뜨였다. 머리 위로 자잘한 별들이 반짝였다. 어디에서도 먹어 보지 못한 맛이었다. 잘 만들었다고 하는 매장의 묵도 먹어봤고, 솜씨 있다는 사람이 집에서 직접 쑨 묵도 먹어봐서 아는데 그 묵은 독특한 맛을 냈다. 아무 양념장을 곁들이지 않아도 식감이 썩 좋았고 고소하기 그지없었다. 묵이라면 내 형제들이 "묵사발, 묵사발"이라고 노래를 부르는 터라 나도 덩달아 즐기는 편이긴 하지만 죽고 못 사는 정도는 아니었다. 그 묵은 달랐다.

내게 묵을 먹여 본 지인은 죽고 못 사는 것 같아 보였는지, 그 귀티 나는 부인이 묵을 건네고 간 날에는 나를 불렀다. 귀한 것이니 묵을 좋아하는 사람과 나눠 먹겠다고 했다. 내가 머뭇거리며 체면을 차릴 양이면, 묵을 냉장고에 넣으면 맛이 떨어지니 오래 실온에 두는 게 마뜩치 않다며 어서 가져가라고 권하곤 했다.

오늘 묵이 왔다는 지인의 전화 목소리는 더 맑고 높았다. 하루일과를 다 정리한 시간이라 챙겨 나가기 성가시긴 했지만 나는 서울서 온 묵을 얻으러 갔다. 지인은 귀티 나는 부인의 묵 말고도 '단단한 삶'을 나눠주었다. 배운 것 없는 팔순 나이에 지금 방송통신 중2과정 공부에 열중하고 있다는 것부터 감동하게 했다. 수학과 영어가 제일 재미있다는 부인의 학업을 전하며 지인은 자기 일처럼 신바람을 냈다. 용달차로 짐을 실어 나르는 배우자를 돕는 생활에 책임과 정성을 다하며 품위를 잃지 않는다는 태도에 경의를 표했다.

    냉장고에 넣지 않아야 하므로 나는 내일 세 끼를 묵으로 해결하고, 그다음 날 아침까지 빨리빨리 먹어야 할 것이다. 열대야 폭염이 이어지는 이때에도 묵이 상하지 않고 이겨내려나? 하는 염려가 잠을 쫓아내고 있다. 정이 많아 마구 쏟는 지인이 한 번도 보지 못한 묵을 쑨 부인을 나의 인연으로 묶어주었다.(2024. 8.)

아기자기한 이야기들

말랑말랑 예쁜 영화

◆

90분의 맑고 투명한 아름다움이 있는 명화 〈플립〉이었다. 장황함이 없고 간결하며, 무더움이 없는 신록이었다. 출연하는 사람도, 플라타너스 나무도 뭉클하면서 울컥하게 했다. 주인공들의 말은 자주 받아 적고 싶은 시가 되어 흘러 나왔다. 줄리 아빠 리차드나 이웃 할아버지 쳇도 '인간'과 '관계'를 훌륭하게 이끄는 장인이었고 시인이었다.

쳇 할아버지가 말했다.

"밋밋한 사람도 있고 반짝이는 사람도 있고 빛나는 사람도 있지. 하지만 가끔씩은 오색찬란한 사람을 만나. 그럴 땐 어떤 것과도 비교 못해."

〈플립〉에는 사람에 있어 중요한 가치가 무엇인지, 내가 믿는 가치를 지키기 위해 무엇을 해야 하는지를 찾아가는 이야기가 있다. 사람의 겉모습보다 내면을 알아보는 법을 어떻게 배우는지를 풀어내었다.

줄리 아빠 리차드는 말했다.

"항상 전체 풍경을 봐야 한단다. 그림들은 단지 부분들이 합쳐진 게 아니란다. 소는 그냥 소이고 초원은 그냥 풀과 꽃이고 나무를 가로지르는 태양은 그냥 한 줌의 빛이지만 그걸 모두 한 번에 같이 모은다면 마법이 벌어진단다."

소년소녀가 멋진 청소년으로 성장하는 이야기 속에 어른들의 사유와 성찰이 들어 있다. 새로 이사 온 미소년 브라이스를 보고 첫눈에 사랑을 직감한 일곱 살 소녀 줄리. 풋풋하고 설레는 첫사랑 이야기를 다룬 영화 〈플립〉은 2010년 작품으로, 국내에 정식으로 개봉한 적이 없었다. 하지만 다운로드만으로 네티즌들 사이에서 '인생 영화'로 어마어마한 인기를 모았다. 관객들의 끊임없는 요청 끝에 7년 만에 드디어 개봉한 〈플립〉이다.

〈플립〉은 1950년대 미국의 어느 작은 도시의 배경을 살리기 위한 빈티지한 파스텔톤 색감으로 가득 차 있다. 플라타너스 나무에서 바라보는 노을이라든가, 주인공들이 입고 나오는 복고풍의 옷들은 누군가의 추억이 적힌 일기장을 보듯 향수를 불러일으킨다. 롭 라이너 감독은 "희미한 추억처럼 따스하고 낭만적인 빛도 담고 있는 영화"라고 했다.

자꾸만 무뎌져 가는 나와 어른들의 정서가 말랑말랑해지는 예쁜 영화이다.(2019. 10.)

베토벤 프로젝트

◆

영화 보기를 좋아하는 나는 아침이면 영화검색을 한다. 개봉한 영화를 파악하고, 평점도 참고하며 극장의 상영시간을 확인한다. 특별한 경우가 아니면 혼자서 영화관엘 간다. 누구와 약속하려면 제때에 맞추기가 힘들고 번거로워진다. '혼자'에 익숙한 터라 상영관에 사람이 없어도 괴이치 않는다. 오히려 편안할 때가 많다.

 오늘도 내가 있는 1관에는 딱 한 사람이 더 있다. 나와 반대편에 뚝 떨어져 앉은 사람의 형체만 보일 뿐이다. 여기에 오기까지 여러 극장들을 뒤졌고, 일요일 오후 2시 단 한 번 '특별상영'을 붙인 시간을 찾아 환호했다. 전국의 몇 군데 M에서만 상영하는 귀한 공간과 시간을 얻어냈다.

 〈베토벤 프로젝트〉는 영화관에서 보는 '공연'이다.

2019년 베토벤 탄생 250주년을 기념해 독일 바덴바덴 극장에서 공연된 발레 실황이다.

대극장의 한쪽에 그랜드 피아노가 놓이고 피아노 다리에 매달린 발레리노의 장면으로 심오하게 시작된다. 피아니스트 미할 비아르크가 베토벤의 곡을 웅장하게 연주하는 동안 발레리노 '베토벤'은 고난도 발레 테크닉으로 고뇌와 좌절을 연기한다.

다른 출연자들과 달리 작곡과 피아노 연주를 끊임없이 손가락으로 연기하는 베토벤의 발레는 관객에게 고스란히 깊이를 전달한다.

피아노 연주듣기를 좋아하지만 조예가 깊지 않고 발레에 대해서는 문외한이지만, 그런 나에게도 그냥 파고드는 공연이 펼쳐진다. 나는 숨을 죽이기도 하고 맘 놓고 감탄하기도 한다. 간혹 이해가 안 되는 장면이 지나가면 핸드폰을 꺼내 검색하며 실마리를 푼다.

'베토벤의 이상향'이란 발레리노의 용모는 금방 눈에 띈다. 베토벤보다 머리통 하나만큼 더 있는 큰 키에다, 쫄반바지 하나만 걸친 베토벤 역과는 달리 의상도 화려하다.

'베토벤의 이루어지지 않는 여성' 발레리나의 엇갈리는 몸짓은 베토벤을 따라 나를 안타깝게 했다.

'베토벤의 어머니' 발레리나는 춤마저 아프고 자애롭다.

1부 베토벤의 파편, 2부 인터메초-프로메테우스의 창조물, 3부 에로이카로 140분의 긴 공연이 이어진다. 피아노 연주와 피아노3중주 연주가 무대를 적시고 발레로 무대를 수놓는다. 베토벤의 250년에 헌정하는 대서사시.

함부르크 발레단 총감독인 천재 안무가 존 노이마이어가 감독한 작품이다. 베토벤이 남긴 위대한 작곡과, 최상급 피아니스트와 교향악단 연주의 경이로운 선율에 맞춰 움직이는 세계적인 발레단의 몸짓은 베토벤의 삶과 음악을 높은 경지로 끌어올린다.

'악성, 음악의 성인'이라고 불러왔던 베토벤을 오늘 깊게 수긍한다. 나는 이 공연에서 처절하게 몸짓하는 베토벤이 순교자처럼 느껴진다. 몸에 밴 피땀을 본다.

커튼콜의 시간, 벅찬 가슴을 누르며 박수를 보낸다. 예술의 극치를 뇌이며 나는 감독 존 노이마이어에게 아낌없는 박수를 보낸다. 브라보!

집에서는 거의 영화를 보지 않는 것을 보면, 내가 좋아하는 건 '영화 보기'라기보다 '극장 가기'라 하는 게 더 옳겠다. 오늘도 나의 실행은 엄청나게 성공적이다.(2020. 8.)

에밀 다케 신부가 심은 왕벚나무

불똥

◆

불똥이 이상하게 튀었다. 카메라가 껌을 질겅질겅 씹고 있는 강 선수를 잡아 클로즈업 시킨 때문이었다. 도쿄올림픽 야구경기 동메달 결정전에서 한국은 도미니카에게 역전패를 당했다. 쫄깃하게 진행되던 경기가 후반인 8회에 들어서 속절없이 무너졌다. 텔레비전을 시청하던 나도 맥이 풀렸다. "이게 무슨 일!"라고 외쳤다. 껌을 씹으며 더그아웃에서 지켜보던 강 선수도 넋이 나간 듯 멍하게 껌이 입 밖으로 나와 입술에 걸쳐졌다. 결코 예쁜 모습은 아니었다. 다른 선수들도 너무나 아연하여 담장에 머리를 박고 돌아서거나 그라운드에 쪼그리고 고개를 박았다. 대부분 선수들이나 감독과 코치들도 벌어진 입을 닫지 못했다. 점수를 내리 내어준 투수는 붉게 물들고 흠뻑 젖었다.

무기력했던 선수들을 싸잡아 욕을 퍼부었지만, 유독 '강의 질경질경'은 화재의 중심에 섰다. 많은 매스컴에서 그 장면을 들이밀면서 정신의 해이함을 지적했다. 화면에 비춰질 때면 입술에 걸쳐진 껌은 추하게 느껴졌다.

프로야구경기를 보고 있으면 껌을 씹는 선수들이 많다. 그럴 때 그다지 좋게 보이지는 않지만, 긴장을 줄이는 데는 도움이 된다고 해서 나는 이해를 하는 편이다. 어떤 선수들은 껌으로 풍선을 만들어 터트리는 모습을 보여도, 중계를 하는 캐스터나 해설자도 웃어넘긴다. 옛날과는 달리 요즘은 우리의 문화에서도 껌 에티켓에 대해 너그러운 편이다.

아직 어린 스물두 살 강 선수는 비난의 회오리에 휘둘렸다. 사람이 자신도 모르는 죄를 짓기도 하지만, 이건 너무 억울한 게 아닌가. 한국이 경기에 이기고 동메달이라도 걸고 귀국했으면, 그 선수가 그리 수모를 겪지는 않았을 것이다. 껌을 씹었는지 뱉었는지, 문제가 될 리가 없다. 오히려 차기 올림픽의 주역이 될 인물이라고 추켜세웠을 것이다.

한국야구리그에서는 올 시즌 타율 1위를 달리고 있는

선수다. 내가 응원하는 팀의 선수가 아니지만 새로운 기록을 쓸 소중한 존재라는 걸 인정하고 있다. 그는 무슨 죄가 있어 이렇게 지탄을 받아야 하는지를 애처롭게 생각하게 된다. 국위를 선양하기 위해 애썼고, 다 이겨가는 경기가 뒤집혔으니 놀라 입이 벌어지고 껌은 튀어나온 것뿐이다. 크게 한 번 놀랐을 뿐인데, 불똥이 온통 그를 그을리게 했다.

 올림픽으로 한참 중단되었던 한국야구리그가 다시 시작된 날 강 선수는 검은색 마스크를 쓰고 경기에 나왔다. 거리두기 4단계에서도 더그아웃에서만 마스크를 쓰고, 그라운드에서는 마스크를 쓸 필요가 없다. 그는 타석에서도 1루수로 수비를 할 때도 마스크로 입을 여몄다. 마스크로 덮인 그의 억울함이 내게 전달되는 듯했다. 나는 저 아이가 불똥을 어떻게 털어낼까 맘속 깊이 염려하고 있다.(2021. 8.)

다시 나타난 훈이는

◆

봄바람에 얹혀 어김없이 책이 배달되었다. 전문적인 분석을 통해 2020년 프로야구를 전망하는 책이다. 개막일이 미뤄지고, 또 미뤄져 애타는 요즘이다. 아이들이나 학부모들은 학교에 갈 날을 손꼽듯이 나는 야구 개막 소식에 귀를 기울이는 나날이다. 코로나 바이러스의 무서운 전파 현실을 생생하게 바라보고 있으니 안 될 줄 알고 있지만 '혹시나' 한다. 3월말을 지나 4월 중순이 되었고, 이제 개막은 5월초를 조심스럽게 기약하고 있다. 긴 겨울 비시즌을 보내며 얼마나 봄을 기다렸는지 모른다. 봄이 오는 길목을 막아 선 코로나19 때문에 야구장은 열리지 못한다. 관중들의 함성 속에 비말이 오가는 걸 상상하면 끔찍한 일이긴 하다.

이런 때에 책을 받아들고 보니 무어라 말할 수 없을

만큼 큰 위로가 된다. 매년 받을 때 감사한 마음이 있었지만, 이번에는 감정이 다르다. 야구장에서 선수들을 만난 것처럼 반갑다. 타 구단 선수들의 기사까지 샅샅이 살피고 빠져든다. 지난해만 해도 책을 받자마자 개막이 되었으니, 야구장으로 가거나 중계를 보는 일에 더 기울어졌다. 책은 설렁설렁 넘어갔다. 올해는 소중하게 책을 쓰다듬으며 글자 한 줄, 사진 한 컷에도 시간을 준다. 보내준 사람에게도 연신 고마운 마음을 보낸다.

훈이 엄마가 내게 책을 보냈다. 진이 엄마에게 보내라고 책을 준 사람은 훈이다. 아주 오래 전, 훈이가 초등학교 고학년일 때 저학년인 진이를 비롯한 동네 조무래기들은 '훈이 형'이 롤 모델이었다. 아이들만 아니라 그런 조무래기를 키우는 엄마들도 훈이를 향한 눈에는 부러움을 가득 담았다. 훤칠한 키에 모범생 그 자체였다. 그런 아들 덕에 덩달아 훈이 엄마는 점수가 올라갔다. 떡잎부터 달랐던 훈이는 법조인이나 의사가 될 것이라며 동네 사람들은 입을 모았다. 아파트 9층에서 풀밭을 내려다보면 훈이와 아빠는 자주 글러브를 끼고 야구공을 던져주고 잡는 운동을 했다. 공부하는 시간 사이에 아빠가 놀아주는 모범적인 장면이라 그마저 무척 부러움을 샀다.

　회사 사택이던 그 아파트를 떠나 여러 갈래로 흩어져, 수십 년 동안 나름대로 삶을 꾸리는 사이 훈이는 스포츠기자가 되어 내 앞에 나타났다. 완전히 뜻밖이었다. 지상파 방송이기는 하나 아나운서도 아닌 스포츠기자라니. 점잖고 지나치게 공부 잘하는 이미지로 각인되어 법조인이나 의사로 찍어놓았던 나로서는 선뜻 납득이 안 되었다.

　훈이 부모는 스포츠에 매료된 아들의 선택을 존중했다고 했다. 진이의 롤 모델이었던 훈이가 세월이 흘러 이젠 나의 스타가 되었다. 열혈 야구팬 앞에 나타난 프로야구 전담기자라니.

　오래 내 입에서 떠나 있던 이름이 다시 나의 소중한 생활에서 맴돌게 되었다. 훈이 덕분에 훈이 엄마와도 야구이야기를 이어갈 수 있었다.

　방송에서 수시로 대하게 되는 얼굴을 보며 나는 '역시 훈이'라고 말한다. 데이터를 명쾌하게 분석해서 전달하는 학구파의 모습에 흐뭇한 적이 많았다. 세밀한 전망을 내놓은 이번 책을 읽으면서도 공부해서 남 주지 않았다는 생각을 한다. 그때 그, 눈에 든 아이가 세대를 넘어 내게 야구의 전망과 이벤트를 전해 주는 가이드로 우뚝하다. 훈이 얼굴에는 여유와 흡족함이 배어 있다.(2020. 4.)

함께라서 더 행복한

음악의 힘

◆

휴일 아침에는 느긋하게 라디오를 듣는다. 역사토크 프로의 MC는 남자다. '코너 속의 코너'라며 젊은 여성이 나와 노래 한 곡을 소개했다. 데이비드 보위의 〈히어로즈〉였다. 소개하는 말에 귀를 기울였다. 잘 알려졌을 법한 스토리였는데, 이날 나에게는 새삼스러웠다.

 영국 출신의 팝가수 데이비드 보위가 서독에 머물며 1987년 6월 콘서트를 열었다. 분단된 독일, 통일을 염원하는 사람들 사이에 놓인 베를린 장벽을 사이에 두고 있었다. '히어로즈 콘서트' 예고가 있었고 서독뿐만 아니라 동독 젊은이들도 열광했다. 서베를린 의사당 앞 광장에서 사흘 동안 콘서트가 열렸다. 베를린 장벽이 가까이 있었는데, 동독 젊은이들을 위해 스피커를 동독 쪽으로 돌려놓았다. 젊은이들은 소리를 듣고 몰려들어, 떼로 목청을

돋우어 합창하며 열광했다. 흥분한 나머지 담벼락으로 기어오르고 경찰은 물대포를 쏘았다고 했다. 그런 소용돌이 콘서트는 퍼져나가 세계인의 이목을 끌어 감동시켰고, 독일의 통일을 앞당기는 계기가 되었다.

결국 2년 뒤 1989년 11월 9일 민중의 힘으로 베를린 장벽을 무너뜨렸다. 그리고 여러 절차를 거쳐 1990년 10월 3일 분단 41년 만에 하나의 독일에 이르렀다.

최근에 나는 영화 〈보헤미안 랩소디〉의 장면들이 뇌리를 떠나지 않아, 다시 한 번 영화관을 찾았다. 영국 밴드 퀸의 리더보컬 프레디 머큐리, 뻔히 다 알고 보는 스토리인데도 불구하고 울컥 솟아오르는 감정을 누를 길이 없었다. 데이비드 보위와 같은 시기에 활동했던 프레디 머큐리다. 그는 짧은 자신의 생을 예감하고, 온몸과 영혼을 불사르며 무대를 마구 달구었다. 음악의 힘이 불끈 느껴졌다.

아침커피를 마시던 나는 〈히어로즈〉를 들으며 베를린 장벽을 떠올렸다. 오래 전 독일여행 중에 보았던 그 담벼락의 그래피티 글씨들이 현란하게 눈앞에 다가왔다. 목청껏 쏟아내고 몸을 던지는 젊은이들의 열기를 내 몸에도 느끼고자 했다. 식어버린 마지막 한 모금 커피를 비우고, 나는 데이비드 보위를 검색하여 더 알아보았다. 2016년 그가 타계하자, 독일정부에서는 통일의 발판을 놓았던 당시 베를린 콘서트 영상을 방영하며 추모했다는 글이 보였다. 음악의 힘이 크기도 하다.

　우리 한반도에 〈봄이 온다〉 〈가을이 왔다〉하며 긴장 가득한 남북관계 속에서도 음악이 들어가 부드러운 무드를 연출하고 있다. 북측이나 남측이나 익숙하지 않은 노래 색깔에도 서로 호응할 수 있는 것이 음악의 힘이다. 남북을 오가는 무대에서, '히어로' 조용필도 '뽀시래기' 아이돌도 힘을 발휘하기는 마찬가지라고 생각해 본다. 오랜 분단의 한반도에서도 기적 같은 일이 펼쳐지기를 간절히 바란다.(2018. 11.)

음악의 힘 2

◆

 저렇게 축구 잘하는 손흥민을 유색인이라고 놀리다니. 가는 눈을 만들어 유색인이라고 야유하는 유럽 백인들의 행태에 원망을 퍼부었던 적이 있었다. 오늘은 명화 〈그린 북〉을 보는 내내 돈 셜리 박사의 인종차별에 대한 고독에 감정이입이 되어 가슴이 터지는 듯했다.

 품격을 지닌 천재 뮤지션 흑인 돈 셜리와 천박하기 이를 데 없는 백인 운전사 토니가 우여곡절 끝에 만났다. 셜리 박사는 흑인전용 여행가이드북인 『그린 북』 한 권을 건네주며 공연투어에 차질이 없도록 당부한다. 영화의 배경이 되는 1962년 미국, 당시 흑인들은 아무 곳에서 숙박하거나 식사할 수 없었으니 흑인 여행자들이 이용 가능한 숙박시설이나 레스토랑, 주유소 같은 정보가 들어있는 책자였다.

예술은 물론이고 교양이라고는 찾아볼 수 없는 백인 토니는 허풍과 반칙과 주먹이 무기이다. 그에 반해, 흑인 음악가 돈 셜리는 세련된 매너와 귀한 품위를 지녔는데 나는 오바마 대통령을 떠올렸다.

말을 듣지 않고, 우기고, 거칠고, 게걸스럽게 먹어대고, 시민정신이라고는 실종된 운전사 토니. 그런 것들이 성가신 문제를 일으키지만, 때로는 오히려 힘이 되어 선량한 흑인의 방패막이가 되었다. 막무가내 다혈질의 백인이 안성맞춤일 때가 많았다. 무식하지만 가족사랑이 남다른 백인 토니와 모든 걸 갖추었지만 고독한 흑인 셜리는 어렵사리 특별한 우정을 만들어 간다.

우아함이 온몸에 밴 천재 피아니스트 돈 셜리 박사는 미국 전역에서 콘서트 요청을 받으며 명성을 떨치고 있다. 그런데 위험하기로 소문난 미국 남부 공연투어를 떠나면서 보디가드 겸 운전기사로 토니를 고용한다. 그들은 오직 『그린 북』에 의지한다.

내 분노를 가라앉힐 수 없었던 것은 토니의 무례함보다 더한 남부 백인들의 인종차별이었다. 천재 피아니스트 셜리의 연주에 그토록 열광하면서, 무대에서 내려오면 한

식당에서 식사하는 것도 허용되지 않는 바리사이 같은 율법. 이것은 잘난 백인일수록 더욱 철저하고 심하다. 실지로 토니는 백인이지만 무지렁이 삶이었고 인종차별이 덜한 북부에서 살다보니 잘 몰랐던 일들을 피부로 극심하게 겪었다.

영화를 보면서 내가 특별하게 느낀 한 가지는 음악의 힘이었다. 그토록 꺼리는 흑인인데, 그 연주에 열광하고 경의를 표하다니. 참으로 놀라웠다. 한 자리에서 식사는 절대 거부하면서도 훌륭한 연주에는 감동하고 뜨거운 박수를 보내는 힘! 그래서 셜리 박사는 남부의 위험과 겪을 수모를 뻔히 예상하면서도 굳이 공연투어를 감행했던 것이리라.

처음 자막에, 이 영화는 실화를 바탕으로 제작되었다고 해서 더욱 솔깃했다. 그리고 엔딩 자막에서 그들의 훈훈한 우정이 지속되었음을 읽으며 내 가슴도 데워졌다.

하늘이 내린 피아니스트 돈 셜리와 운전사 토니 발레롱가는 8주간의 남부 투어를 함께한 후 50년 동안 우정이 이어졌다고 했다. 이 이야기를 스크린에 옮겨낸 것은 바로 토니 발레롱가의 아들인 닉 발레롱가인데, 어린 시절부터 두 사람을 지켜봐 왔다. 닉은 아버지의 인생에서 중요한 전환점이 된 그때의 이야기가 가족들에게 두고두고 전해졌다고 했다.

물론, 이 영화의 주제는 아주 다른 두 사람이 만나 서로의 삶을 바꾸고 타인을 바라보는 관점이 변화된다는 것이다. 그러나 내 머리를 떠나지 않는 것은 음악이 무엇인가? 예술이 무엇인가? 이다. 내가 얼마나 치열하게 글을 썼던가. 나는 불이익이 닥쳐도 굴하지 않고 글을 썼던가. 이미 많은 것을 이루었음에도 안주하지 않고, 음악을 위해 온몸에 화살을 받아내기로 결심했던 돈 셜리 박사에게 오래 동요하게 될 것 같다.(2019. 1.)

다락방기도실이 있는

개판

◆

B 교수와 이야기를 나누다 나는 '개판'을 입에 올렸다. 보바리 부인 엠마가 죽고, 집안은 개판이 되었다는 직설적인 말을 했다. 하녀는 엠마의 옷을 훔쳐 도망가고, 남편 샤를은 드디어 불륜남 레옹과 로돌프의 편지를 발견하고는 패닉에 빠졌다는. 그러다 그는 엠마의 머리털을 한 다발 잘라 쥐고 죽었다는. 딸 베르트는 친할머니가 죽고 외할아버지마저 중풍에 걸리니, 가난한 친척 아주머니가 맡게 되어, 결국 방직공장에서 일해야 했다는 것.

 웃으며 말했지만, 진심이었고 지성적인 어떤 낱말로 표현하고 싶지 않았다. 소설 후반부에서 느낀 한마디가 그것 '개판'이었다. B 교수의 부탁을 받았다. 학생들에게 교양으로 고전을 강의하려는데, 『보바리 부인』을 가지고 함께 이야기를 나누었으면 했다. 나는 그 소설을 다시 찬

촘히 읽었고, 그와 마주앉았다.

요즘 나는 부쩍 '개판'이라는 말이 재미있다. 자주 써 먹는다. 가령 밤에 걸려오는 아들의 안부 전화에도 "개판 났다!"고 소리를 높인다. 아들은 주로 내가 응원하는 야구경기의 상황을 묻는 경우가 많다. 막무가내로 지고 있을 때 '개판'을 넣으면 속이 좀 풀리고, 아들은 웃게 되니 그런대로 분위기가 괜찮아진다. 이 말에는 약간의 해학과 풍자가 들어 있고, 두 음절에 상황을 잘라 말할 수 있는 간결함이 있다. 기가 막히고 어처구니없는 정치세계를 보면 "개판이네."로 고개를 돌릴 수 있다. 부정적인 의미로 쓰여서, 개에게는 좀 미안한 점이 있긴 하지만.

영화 〈마이펫의 이중생활〉에서 진짜 개판을 본 적이 있다. 주인과 함께 있을 때 애교를 떨고 꼬리를 살랑거리던 개가 주인이 출근하고 난 후 집구석을 난장판으로 만들었다. 혼자 두어 외롭게 만든 것에 분풀이를 하듯 마구 물어 내동댕이쳤다. 그 영화에는 주인에게 버림받은 개들이 몰려다니며 행패를 부리는 개판 스릴도 무시무시했다.

곱상하고 젊은 B 교수는 내가 쓰는 낱말에 공감했지만 자신이 쓰지는 않았다. 하지만 우리는 보바리 가문이 개판에 이른 연유를 쫓아가며 열띤 이야기를 나누었다. 엄마의 뜻대로 의사가 되고, 나이 많은 여자와 결혼한 샤를을 탓했다. B 교수는 엠마가 도무지 이해되지 않다가도 이해되기도 한다고 했다. 그토록 눈치 없고 착하기만 한 샤를에게는 말문이 막힌다고 했다. 자식을 자신의 입맛대로 다스리는 결과는 결국 바람직하지 못하다는 것을 나는 몇 번이나 말했다. 눈치 없이 그냥 행복한 보바리, 이상과 현실을 극복하지 못하고 늘 안 행복한 보바리 부인, 두 사람의 독백을 내가 대신했다.

 엠마 "내 눈앞에 있었다는 죄만으로 내가 절대 용서할 수 없는 사나이"

 샤를 "내가 나빴나? 그래도 나는 당신을 위해 할 만큼은 했다고 생각하는데!"

 B 교수의 남편은 어떤 사람인지 물으려다 나는 꾹꾹 눌렀다. 쉬이 감당할 수 없는 부부 이야기는 샤를과 엠마로 충분했다. 다만, 반듯한 이미지에 정석으로만 보이는 그가 학생들에게 『보바리 부인』을 강의할 때는 '개판' 같은 센말도 쓰며 재미를 짓게 되길 바랐다.(2023. 5.)

이제 날아가라

◆

벅은 본성대로 본향을 찾아간다. 세인트 버나드와 셰퍼드의 믹스견이라 개의 무리들 속에서도 한층 돋보이는 벅의 준수한 자태에 나는 온통 마음을 빼앗긴다.

벅은 주체할 수 없는 야생의 기질을 사랑이란 이름으로 억압받으며 살던 때가 있었다. 평판 자자하고 체통 있는 가정에서 주인의 보호를 받고 길러졌지만, 수시로 난장판을 벌여야 직성이 풀렸다. 큰 덩치로 마구 휘젓고 싶은 욕망이 들끓었다.

그런데 성에 차지 않은 안락한 생활은 끝났다. 예기치 못한 때에 개도둑에게 끌려가 팔렸고, 알래스카 개썰매를 끌게 되면서 벅의 모험이 펼쳐진다.

명배우 해리슨 포드와 이미지가 퍽 닮은 개가 함께 나오는 영화 〈콜 오브 와일드〉이다. 해리슨 포드가 연기한 존 손턴은 가족의 아픔을 가슴에 담고 알래스카에서 벅을 만난다. 우체국 개썰매를 끌 때의 자부심을 접고, 금을 찾아 날뛰는 막돼먹은 인간들의 썰매를 끌던 벅을 존은 지켜본다.

학대에서 놓여나는 우여곡절 끝에 함께 떠나는 여정. 존은 죽은 아들에게 하지 못했던 모험을 개에게 제의한다. 간직했던 지도를 펼치고, 지도 밖까지의 여정을 표시하며 벅에게 동의를 구할 때 영화를 보던 나도 고개를 끄덕거렸다.

금광을 찾아 알래스카에 모인 무리들을 뒤로하고, 둘은 지도 밖 세상에서 진정한 용기를 찾아 떠난다.

막막한 고비를 이겨내고 생존에 도전하는 벅은 광활한 대자연 속에서 약육강식의 세계를 경험하며 야성의 본성을 찾아간다. 지칠지언정 쓰러지지 않고 앞으로 달린다. 미처 알지 못했던 자신의 힘을 깨닫게 되고, 진정으로 있을 곳을 찾는다.

존 손턴은 정이 흠뻑 들어 자신의 곁에서 머뭇거리는 벅에게 "가라, 가!"라고 야생으로의 길을 일러준다. 집을 떠날 수밖에 없었던 존은 말한다. "벅, 너는 집으로 왔다."

그리고 그는 끝내 집으로 돌아갈 수 없는 자신을 대지에 누인다.

은색늑대에 끌려 늑대무리 속으로 들어가는 벽을 바라보니 둘의 이별은 짠하지만 나도 내심 뭉클한 기분이 솟았다.

이 영화를 보고 일어서면서 나는 또 다른 영화 〈톰보이〉를 떠올렸다. 열 살 소녀 로레는 미카엘로 살고 싶었다. 파란색을 좋아하고, 치렁치렁한 긴 머리보다 짧은 머리를 원하는 아이다. 날렵한 축구 실력은 또래들의 선망의 대상이다.

자신이 꿈꾸고 바라는 대로, 자신의 본성대로 살고 싶었던 로레는 사고를 쳤다. 새로 이사한 동네에서 미카엘이라 행세하며 아이들과 어울렸다. 와일드하게 웃통을 벗은 몸매를 보고도 아이들은 의심하지 않았다. 또래 소녀 리사와 입도 맞추었다.

미카엘일 때 행복했던 아이. 결국 들통이 났고, 엄마 손아귀에서 원피스를 입어야 했던 로레의 열 살 이야기가 아련하게 남았다. 아직 어린아이니 커밍아웃 같은 문제가 이어지지는 않았지만 '보이시'한 소녀의 '이끌림'에 주목하지 않을 수 없었다.

　벅과 로레가 오래 가슴에서 떠나지 않는다. 정호승의 시 '목어에게'를 읽는다. 시인은 "이제 날아가라/그동안 산사에 매달려 인간에게/온갖 살점과 뼈마디를 그만큼 뜯겼으면"이라고 한다. 목어에게 "너의 본향은 바다"라고도 한다.(2020. 5.)

수도의 길

괜찮다는 말

◆

이 말은 얼마나 어여쁜지. "괜찮다"
때로 작은 실수를 하고 기죽은 연예인에게 또는 운동선수들에게 "괜찮아, 괜찮아"를 연호하는 관중들을 보게 된다. 얼굴에 미소가 번지고 뭉클하게 된다. 눈물이 찔끔 흐르다가도 힘을 얻어 다시 도전하게 되는 '괜찮다는 말'의 위로는 장마에 비추는 햇살처럼 환하다.

   이 어여쁜 말도 잘못 쓰면 독이 된다. 하기 쉽다고, 판단 없이 해대면 살아날 수 없는 독이 될 수 있다. 나는 평소에 괜찮다는 말을 쉽게 쓰는 것에 마음을 움츠리는 일이 많았다. 괜찮지 않은 일에도 괜찮다고 무심히 던지는 말 때문에 세상 질서를 어지럽힌다고 생각하기 때문이다. 특히 자기편인 사람에게는 큰 잘못을 저질렀는데도 두둔하는 경우가 많다. 다독거린다고 다 좋은 것이 아닌데, 이러다가 다함께 구렁텅이에 빠지지 하며 걱정한다.

최근에 음주사고를 낸 인기가수를 옹호하는 주변을 보고 심정이 갈기갈기 엉클어졌다. 기획사 대표의 허위 진술에 슬슬 끓어올랐다. 더 분노한 것은 팬들이 "괜찮아"라고 두둔하며, 그의 팬을 상징하는 보라색 옷을 떨쳐입고 공연장으로 들어가는 행태였다. 무엇이 괜찮은지 판단도 없이 오직 나의 스타에 대한 충성뿐이라는 것. 뺑소니에다 운전자 바꿔치기까지 하며 버티던 그 가수가 여러 사실이 드러나 궁지에 몰리자 음주운전을 실토했는데도 막무가내였다. 괜찮다며 말이 안 되는 편들기를 했다.

결국 이권 때문에 대놓고 감추려던 몇몇 사람과 인기를 향해 눈이 먼 팬들의 무지로 인해 이 가수는 깊은 수렁에 빠졌다. 매스컴에서 '일파만파'라며 연일 더 보태지는 사태를 보도하고 있다.

나에게도 스타가 있다. 프로야구에 열광하며 그 선수가 안타를 날리기를, 부상당하지 않기를 소망한다. 팬들이 모이는 커뮤니티에 거의 하루도 빠짐없이 응원하는 댓글을 올리며 팬심을 발휘한다. 스포츠맨십을 발휘하며 최선을 다할 때이지 무턱대고 편을 드는 것은 천만의 말씀이다.

    괜찮다는 말. 아무렇게나 아무 데나 쓰는 것은 죄가 된다는 나의 간절한 생각이다. 정말 괜찮은 줄 아는 어리석은 사람에게는 아주 신중해야 한다. 그 사람을 위로하는 것이 아니라 더 큰 구렁텅이로 몰아넣는 것일 수 있다. 인정이라고 포장하여 이 말을 쉽게 내뱉지 않기를 나 자신에게 당부한다.(2024. 5.)

거지들 때문에

◆

마음의 소화불량이라고나 할까. 2박 3일 연수에 다녀온 뒤로 내내 걸리는 것이 있다. 집으로 가지고 온 간식 때문이다. 그것도 한두 개가 아니라 듬직할 정도이다. 삼 일이 지났지만 아직도 그대로 있다. 나는 간식을 그리 먹어 대는 편이 아니다. 그래서 먹는 대신 가지고 오기로 했다. 이번 연수 주최 측에서는 평소에 '민족의 화해'를 위해서 일하는 분들의 노고를 격려한다며 푸짐한 간식을 마련했다. 시선을 끄는 각양각색의 초콜릿이나 젤리들도 수북했다. 한두 개만 먹어도 그만인데, 맘껏 드시라는 부추김도 있으니 욕심이 생겼다.

　마구 먹는 사람들을 보며 자극도 받았다. 가만있으면 괜히 손해 보는 것 같아서, 당장 먹지 않을 것을 주섬주섬 챙겼다. 숙소에 가져다 놓은 것을 먹지 않았는데 다음 번

간식이 나오면 또 챙겼다. 프로그램 중간에 지나다니다가도 간식테이블에 남아 있는 것을 더 물어다 날랐다. 아이들이 오면 줘야겠다며, 아이들 입맛에 맞는 것을 골랐다. 집으로 와서야, 얄팍한 속셈으로 하여 나 스스로의 올가미에 잡힌 것 같다는 생각을 했다.

마침 오늘 아침 인터넷 뉴스에서 "양파거지들 때문에…"라는 글 제목이 눈에 띄었다. 양파거지라니? 하면서 내용을 읽어 나가니 속이 끓어 부글거렸다.

어느 대형마트 푸드 테이블에서는 양파 채를 공짜로 무한 공급했는데, 양파거지들 때문에 중단하기로 했다나. 거기서 음식을 먹는 사람들이 자유롭게 이용하라고 여러 가지 소스도 비치해두어 즐기도록 했다나. 그런데 통을 가져와서 양파 채에다 소스까지 뿌려 집에 가져간다는 것. 공짜라고 먹지도 않을 걸 퍼 담아 남기고, 가져가고, 블로그에다 자랑질도 하는 '양파거지들'이라고 했다. 이보다 앞선 다른 거지 사례도 있었다.

어느 유명가구 체인점에서는 고객홍보 차원에서 로고가 새겨진 연필을 비치해 두고 자유롭게 가져가도록 했는데, 연필거지들이 한 무더기씩 집어가는 탐욕을 보였다

나. 그런 사람들로 해서 그 매장에서도 연필 비치가 사라졌다고 했다.

양파거지, 연필거지를 읽으면서 나는 '간식거지'가 되어 스스로 너덜너덜해졌다. 평소에 남달리 '소탐대실'이라는 말을 자주 뇌이고, 그리 되지 않으려고 애쓰는 편이다. 눈앞의 유혹이 달콤하더라도 넘어가지 않으려고 했다. 멀리 내다보며 내 삶을 다스리려고 나름대로 의지를 세웠다. 실제로 돈으로 따지면 몇 천 원 되지 않는 간식인데 남이 다 먹을까봐 내 의지가 스르륵 무너지다니.

떳떳하면 남의 시선이 개의치 않았을 텐데 슬금슬금 눈치를 보며 이것저것 집었던 내 손이 붉어진 듯했다. 어리석었다는 감정이 파고들어 속이 더 끓었다.

그 마트의 양파 채를 좋아하던 선량한 고객들은 억울하다고 했다. 알맞게 맛있게 잘 먹었는데, 거지들 때문에 양파기계조차 철수해버리다니 라고.

군중심리는 참으로 무서운 것이 된다. 혼자는 못하는 일인데 몇이 모이면 소도 잡듯이 어긋난 길을 수월하게 내딛는다. 경쟁하듯이 가져가기, 빈 생각으로 막 퍼가기 하는 사람들로 하여 좋은 의도들이 모습을 감추게 되었다.

뒤늦게 후회하며 내 손을 펴본다. 남의 거지근성을 불평하던 나야말로 거지꼴이 되고 말았다.(2019. 12.)

힘찬 히말라야시다

햇볕 한 뼘

◆

 마치 100미터 달리기 출발선에 선 것처럼 화초들이 바짝 긴장하고 있다. 우리 베란다에는 해가 드는 시간이 매우 짧아, 그 순간 최대한으로 볕을 빨아들이려고 준비 태세를 갖추고서.

 3월이라 겨우내 추위에 시달렸던 화초들은 마음껏 봄볕을 쪼여야 제대로 자랄 텐데 여건이 엄청스레 나쁘다. 최근에 캐슬이라는 이름을 단 고층 아파트가 솟아 해 뜨는 곳을 막아버렸다. 동이 튼 시간이 한참 지나도 베란다가 충충하다. 처음에 나는 아침해를 보기는 글렀다고 한탄했다. 해를 못 보는 사람도 사람이지만, 이 화초들은 어떻게 거두어야 하는지 근심이 컸다. 그런데 집에 머물며 유심히 지켜본 날, 9시 30분이 지날 즈음에 햇살이 '짠-' 나타났다. 이렇게 반가울 수가. 그 시간에 내 가슴이 얼마나 환해지는지. 길지는 않았다. 30분을 넘기고 40분간이 되기 전에 베란다는 그늘이 슬슬 드리우게 된다.

　그나마 '한 뼘 같은' 해라도 맞이하게 되니 화초 기르기를 포기하지 않아도 되겠다고 안도했다. 우리 베란다의 화초는 다행하게 화려하지는 않다. 길게 자라서 둘둘 말아 모양을 만든 호야 하나, 2년 전 세종에서 두 잎 얻어와 키운 선인장 하나, 한 선배가 운영하던 병원에서 키우다 남겨 주고 떠난 군자란 하나, 10여 년 전 이 집으로 이사할 때 집들이 선물로 받은 다육이가 여럿이다. 꽃이 피는 건 지금 싱싱한 꽃대가 두 개 올라오고 있는 군자란뿐이다. 조촐한 이들은 신통하게도 모질게 추운 날씨에 얼지 않고 봄을 맞았다.

　화초들도 환경에 적응해서 살아남으려는지 그 30분의 해를 받으려고 초롱초롱하다. 한순간도 게으름을 부리지 않고 볕을 흡입하려는 듯 반질거린다. 나는 선인장을 제일 으뜸인 장소에 놓았다. 어느 화초라도 햇볕이 있어야 하지만, 선인장은 오죽하겠냐고 생각하며 이리저리 볕 따라 옮기기도 한다. 2년 사이 열 잎이 넘도록 자랐는데, 이 환경에서도 꾸역꾸역 잎을 늘여 나가기를 바라며.

햇볕 드는 각도와 씨름하다 보면 영화 〈기생충〉의 장면들이 떠오르기도 한다. 반지하에 사는 가족들이 폰의 수신을 잡으려고, 변기통 가까이로 몰려가서 신경을 곤두세우는 장면이다. 그렇게 한 뼘의 희망이라도 잡으려 치켜들고 살아가는 짠한 모습.

바깥세상에는 봄볕이 넘실거린다. 다행이 우리 베란다의 정면만은 가리지 않아 팔룡산에 내리쏟아지는 햇살을 보는 것으로도 고맙다. 피어오르는 그 기운이 나날이 달라 생명의 경이로움을 매일 더해서 느낀다.

화초들이 짧은 시간에 하루치의 햇볕을 빨아들이려고 애쓰는 모습이 안쓰럽지만 흐뭇하다. 살아남을 것이라 믿는다. 군자란 꽃대도 곧 열릴 것이고, 연두색으로 옅은 선인장은 점점 녹색으로 짙어지겠지. 질긴 생명력을 지닌 호야는 여전히 우아한 자태일 것이고, 다육이들은 오밀조밀 새끼를 치게 될 터이다. 나는 이들을 위해 베란다로 나가 해가 못 다한 눈 맞추기를 더 자주 하려고 한다.(2023. 3.)

팔룡산 저 소나무

◆

 뿌듯한 시간이다. 은근한 행복이 스며드는 때이다. 저 소나무를 알아보고 교감하는 잠깐이다. 잠깐씩이지만 수시로 반복되는 만남이다.

 언젠가 베란다 창을 통해 팔룡산을 바라보다가, 눈에 들어오는 소나무가 있었다. 다른 소나무들보다 월등히 자태가 빼어난 것도 아니었는데, 유독 내 눈에 꽂혔다. 그날부터 나는 저 소나무를 지켜보고 있다. 처음 한동안은 헷갈려 한참 눈으로 더듬거렸다. 그러면서 점점 위치를 가늠하는 각이 정확해졌다.

 소나무가 한두 그루 있는 것도 아니고, 산 아래 비켜선 나무도 아니다. 온통 빼곡히 푸르게 덮인 숲에서 '내 소나무'라고 용하게 콕 집어내는 유쾌함이 기분을 한껏 올려준다. 눈 뜨고 고개 들면 가까이에 보이는 이 산 덕분에 보잘것없는 내 집이 자랑스럽기도 하다.

　양덕동에서 봉암동으로 뻗어 있는 팔룡산은, 옛날에 하늘에서 여덟 마리의 용이 내려와 앉았다는 전설도 전해지고 있다. 규모로 보나 명성으로 보나 마산을 대표하는 무학산의 기개에 밀려 조용히 미소를 머금는 모습이라고나 할까. 하지만 한 번 이 산에 맛들여본 사람들은 부지런히 들락거리지 않을 수 없는 매력에 빠진다. 우리 집에서 보이는 계곡으로 들어서 한 400미터쯤 올라가면 놀랍고도 숙연한 돌탑군락이 나타난다. 의로운 한 시민이 30년 전부터 통일을 염원하며 천 개의 돌탑을 쌓아 계곡을 가꾸며 지켜내고 있다. 또 이 산의 동쪽에는 일제강점기에 건설되었다고 하는 봉암수원지가 있다. 지금은 수원지로 사용되지 않고, 찰랑거리는 물결과 짙은 그늘을 만드는 나무들로 어우러져 시민들의 쉼터와 산책로로 사랑받는 곳이다. 이 밖에도 그리 험하지 않은 여러 갈래의 등산로가 있어 사람들의 발걸음을 잦게 만든다.

　거실 창을 통해서 보면, 6차선 대로 건너에 산이 있다. 돌탑으로 오르는 입구에서부터 꼭대기까지 전체가 보인다. 웅장하기보다는 평화롭고 정답다. 산 중턱에 있는 저 소나무가 하필 내 눈에 들어 와서 '내 소나무'로 정해버렸다. 이곳으로 이사해서 팔룡산을 바라본 지 십 년 가까이 숲만 보다가, 그날은 나무를 보게 되었다. 누가 알아주지도 않고 나 혼자 정한 것이지만, 솔솔 정이 가서 산을 자주 마주하게 된다.

사실 소나무에 눈길이 간 것은 훨씬 전 두 동생이 전원주택을 지은 것에서 비롯되었다. 남동생은 거창에다 여동생은 군위에다 전원주택을 마련하고 정원에다 각각 소나무를 몇 그루씩 심어 놓았는데, 어찌나 귀히 다루던지 의아했다. 내가 전혀 예상 못한 몇 백만 원이라는 비싼 값을 듣고는 상당히 놀랐다. 팔룡산에 널린 소나무가 다시 보이게 되었다.

관심을 가진다는 것이 이런 것인가. 멀리서 산으로 올라가는 사람이 여럿 보여도 괜히 나를 찾아온 사람들인 양 좋다. 혹시 도로변에 관광버스가 닿아 주르르 등산객들이 내리면 한동안 할일을 잊고 흐뭇하게 바라보기도 한다. 내 영업점에 손님이 밀려오는 기분이 든다. 오지랖 넓은 주인정신이라니.

안개가 산허리를 감고 있는 날이나 어제그제처럼 태

풍이 지나가느라 빗줄기가 굵은 날에는 눈에 익숙한 저 소나무마저 나를 알쏭달쏭하게 한다. 이것인가 저것인가 하며 때 아닌 술래잡기를 한다. 그러다 "나, 여기!" 하듯 찾기면 편하게 다른 일에 주의를 돌린다. 부채꼴 모양의 내 소나무가 예사롭지 않다. 내 눈에는 혼자 더 짙고 푸르다.(2019. 9.)

성인의 길을 따라

경보 해제

◆

흙냄새가 솔솔 피어올랐다. 오래 가물었던 땅과 만난 비가 진한 향기를 빚었다. 이슬비가 내리는 군위에서 출발하려고 운전대를 잡았을 때 벅찬 감정이 새어나왔다. 얼마나 기다렸던지. 일기예보에 귀를 기울이며 비가 내리기를 간절히 바랐던 시간이 오래되었다. 그리운 사람을 대면한 것처럼 두근거렸다. 그토록 질긴 메마름을 견딘 때문이었을까.

금방 그치지 않기를, 제발.

앞창에 떨어지는 빗방울이 또르르 창을 기어오르는 모양이 선명하고 귀엽다는 생각을 했다. 마치 놓치지 않겠다는 집념처럼 비에 집중했다. 건조경보가 여러 달 이어지자 기후위기에 대한 두려움이 몰려들었던 것이 사실이다. 거기다 동해안지역에서 들끓고 있는 산불재앙은 심

란함을 더욱 키웠다. 진화에 나선 사람들의 사투를 보며 불안, 불안 어찌할 바를 몰랐다. 불이 시작되고 열흘이 가까워 오는데도 불길을 다 잡지 못했다고 하니. 축구장 몇 배, 여의도 몇 배라며 화마가 쓸고 간 규모를 알려주는 뉴스에는 가슴이 타들어갔다. 재가 되어 주저앉는 나무들의 처참함이 눈에 밟혀 어른거렸다.

　마산으로 향하는 길에 빗줄기가 굵어지기를 바랐다. 자동차의 와이퍼 작동을 흐뭇하게 바라보았다. 얼마만인지. 사소한 것에도 마음이 움직이는 것이라니. 비가 마른 나를 적셔 말랑하게 만드는가. 비로 운전이 번거롭게 되더라도 흡족히 내려오기를.

　바라던 대로 와이퍼 작동을 2단으로 높이게 되었다. 아래 지방으로 올수록 더 촉촉했다. 가로의 나무들도 흠씬 물을 머금고 색깔을 바꾸는 것 같았다. 미소가 여기저기 걸려 있는 것처럼 빗속에서도 풍경이 밝았다. 이제 동해안지역의 산불은 완전히 진화되리라. 건조경보도 산불경보도 해제되리라.

　비는 흙을 다독여 냄새를 재우고, 물의 세례로 꽃눈을 쓰다듬고 있다. 내가 이다지도 봄비를 기다린 적이 있었던가. 산불과 우크라이나 전쟁포화가 심정을 달궜을 터이다. 세상도 나도 이 봄비에 흠뻑 젖기를 바란다. 남아 있는 '전쟁경보'마저도 가라앉기 바란다.(2022. 3.)

관계와 교류

◆

 서출지에 가을이 푹 드리웠다. 못가의 낡은 이요당은 이 파리들이 떠나는 나무와 함께 숙연한 모습이다. 사제는 경주의 알 만한 데가 아닌 이곳으로 안내했다. 낯선 이름에 일행들이 고개를 갸웃거리자, "책이 나왔다고 그렇게 이름을 붙였다"는 말을 했다. 경주에서 사목하는 분답게, 누구나 아는 뻔한 데가 아닌 낯선 곳으로 데려다 놓아서 일행은 환한 얼굴로 호응했다.

 연못 둑에 선 안내판을 읽었다. 까마귀가 소지왕의 목숨을 구했다는 전설이 적혀 있었다. 소지왕이 궁 밖으로 행차하였는데, 쥐가 나타나 까마귀를 따라가라고 일렀고, 까마귀를 따라가니, 한 노인이 나타나 편지를 바쳤는데, 그로 인해 왕이 목숨을 건졌다. 이 연못에서 글이 나왔다고 하여 서출지라 하였으며, 정월대보름날에는 까마귀에게 찰밥을 주는 '오기일烏忌日'이라는 풍속이 생겼다고 한다.

근처의 나무와 전깃줄을 오가며 까악 대는 까마귀들이 많아 전설이 있는 마을 분위기를 살렸다. 아이들이 정월대보름날 감나무 밑에 찰밥을 묻어두고 "까마귀 밥 주자" 한다는 풍속이 솔깃하고 재미있다.

서출지의 풍광을 지긋이 느끼며 배롱나무와 팽나무를 스쳤다. 사제는 노인 넷을 카페 '서오'로 이끌었다. 책 또는 글을 일컫는 '서'에 까마귀 '오'를 넣은 카페는 우아한 기와지붕을 뽐내며 손님을 맞았다. 안내하는 사람이 커피 맛이 좋다고 자신하는 걸 보면 가끔 들르는 곳인가 보았다. 수녀언니와 사제는 오래 전 이야기를 쉬엄쉬엄 나누었고, 나머지 셋은 띄엄띄엄 추임새를 넣었다. 나는 입맛에 맞는 커피를 음미하는 중에도 곁눈으로 두 사람의 관계 또는 교류에 대해 저울질을 했다.

사제를 자식같이 아끼는 수녀언니가 가자고 해서 다른 자매 둘을 더해 넷이 경주에 방문했다. 수녀언니야 자식 같다하지만, 내성적이고 좀 젊은 사제의 마음은 어떨지 몰라 나는 괜히 나이든 게 민망했다. 나로서는 멀찍이서 한 번 보았고 두 번째 만난 서먹한 관계인데, 멀리서 온 나더러 운전하라는 것에 고개를 갸웃했다. 하지만, 자신은 바이크를 타다 보니 자동차가 변변찮다는 것. 조수석에서 간결하지만 목적지와 지나치는 유적들을 안내하느라 최선을 다하는 것이 느껴졌다. 안팎으로 자연친화적으로 꾸며 놓은 카페로 안내해 차를 마셨다. 자연재료로 요리하는 식당에서 재료를 물어 가며 점심을 먹었다. 마지막으로 찾은 한적한 쉼터가 서출지였다.

경주가 다 그렇듯이 기와집이 고즈넉하게 자리한 그곳을 걸어 나오며 사제는 마을 안쪽을 가리켰다. 더 깊숙이 들어가면 정말 살고 싶은 동네라고, 집 한 채 있으면 좋을 거라고 말했다. 그의 성향을 짐작하게 했다. 바이크 타기를 즐긴다는 그이지만, 바퀴를 멈추고 고요를 응시하는 시간을 더 선호하는 것이 보였다.

사제를 성당에 내려놓고 대구로 가는 길에, 수녀언니의 흡족한 마음이 느껴졌다. 자식 같은 사제가 까마귀같이 행복한 길을 안내하고, 까마귀에게 찰밥을 먹인 것처럼 언니는 행복하게 보였다. 별로 말이 많지 않은 언니인데, 이야기를 길게 했다. 두 사람의 인연이 시작되었던 사제의 청소년 시절 이야기였다.

    그 성당에도 노령신자들이 많은데, 우리가 방문하는 게 뭐 그리 반가울까 했던 내 생각을 쓱쓱 지웠다. 모두가 조금 더 행복하기를 바라며 운전대를 가볍게 잡고, 한껏 허리를 폈다. 대구에 들렀다가 마산으로 가야 하는 먼 길이라도 무겁지 않게.(2023. 11.)

익숙한 이웃

꿈같은 날이

◆

꿈같다는 말이 머리에서 귀에서 맴돌고 있다. 제주도에 다녀온 것이 분명한데, 꼭 꿈속에서 나타났다 사라진 것처럼 가볍고 아롱하다. 큰 계획 없이도 뜻이 합쳐진 세 사람이 제주살이를 하는 한 사람을 찾아간 일이다. 그야말로 부담 없이, 홀가분하게 나선 걸음이었다. 마치 '이웃 마실'을 하듯이. 바다 건너 비행기를 타고 가는 먼 곳이 그렇게 쉽게 이루어질 줄이야. 재고 따지고 할 것 없으니 2박 3일이 그저 그만이었다.

한 사람은 겨울에 씻을 수 없는 아픔을 겪고, 봄과 여름이 지나도 좀처럼 마음을 추스를 수 없다며 가을에는 제주에서 '한 달 살이'를 일구고 있었다. 그동안 제대로 맘을 읽어 주지 못했던 셋은 그제야 의기투합해서 위로를 하겠다고 떠났다. 늦었지만 소홀했던 시간을 조금이나마 갚겠다고 살이의 한 귀퉁이를 찾아들었다.

오래 묵은 우리의 우정이 그 숙소에서 솔솔 물안개처럼 피어올랐다. 낯선 거실의 불빛 아래서 서로 진심을 말했다. 한 사람이 겨울에 시작된 심경을 띄엄띄엄 이어갔다. 위로의 눈빛들이 그에게로 쏠렸다. 수문이 열린 듯 다른 토로의 봇물이 터졌다. 셋 중의 일인이 머뭇거리던 말을 쏟았다. 그는 막혔던 혈이 뚫리는 것처럼 힘든 심중을 털어 놓았다. 듣는 사람들의 위로가 이번에는 그쪽으로 향했다. 그 밤 서로에게 젖고 스며들어 영혼에까지 가 닿는 듯했다.

하룻밤 진하게 쌓은 공감대는 이튿날 발걸음에도 힘을 주었다. 다랑쉬오름를 오르는 것에 나는 좀 염려했는데, "천천히, 천천히"라고 자주 말하는 한 사람의 격려에 힘을 조절할 수 있었다. 높은 산을 펄펄 날아다니던 예전의 한 사람이 아니었다. 자신이 겪은 아픔이나 나이 탓인지, 함께 늙어가는 손님에 대한 배려인지 신중했다.

김영갑 갤러리는 만추를 느끼기에 좋았다. 제주의 자연을 사진으로 남겨 놓고 쉰 살을 채우지 못한 채 루게릭병으로 떠난 작가의 생이 전시실과 정원에서 숙연하게 다가왔다. 너무 일찍 세상을 떠난 내 남편도 올해 세상을 떠난 한 사람의 남편도 가야할 길이었음을 어쩌랴 하는 심정이 파고들었다.

　해질녘, 표선해수욕장 백사장에서 신발을 손에 들고 맨발로 걸었다. 지난밤 심중을 털어놓았던 그가 먼저 모래 속으로 발을 넣었고, 한 사람이 양말을 벗고 물가로 다가갔다. 나머지 둘도 11월 중순의 차가운 백사장을 누볐다. 한가했다. 푸욱 푹 빠지는 발자국을 옮겨 놓으며 새로운 시간을 천천히 설계했다.

　떠나오는 날 아침에 길 위에서 만난 하얀 조랑말의 순한 입이 눈앞에 떠오른다. 함덕해수욕장 우측으로 올레길을 조금 걸을 때 방목하는 조랑말이 길 울타리 밖으로 얼굴을 내밀었다. 걷는 사람들이 뜯어 내미는 쑥을 익숙한 듯 맛있게 먹었다. 순한 동물과 대면하니 금방 동심이 솟구쳤다. 오래된 소녀 넷이 한참 쑥을 뜯어 조랑말에게 바쳤다. 잠깐 스친 꿈같은 시간이었다.

　누구 하나가 아니라, 넷 모두다 위로 받는 포근한 '살이'였다. 더께를 걷어낸 보드라운 감정이 가슴에 들어앉았다. 한 사람의 한 달 제주살이도 며칠 남지 않았다. 한라산을 완주했다는 소식도 보내왔다. 그가 힘을 더 얻어 여기 가까이에서 크게 웃기를 바란다.(2022. 11.)

빈 카페

◆

 카페로 먼저 갔던 사람이 되돌아 나오며 '휴업'이라고 친절하게 알려주었다. 나를 그리로 안내했던 S는 그들을 지나치며 안을 조금 들여다보자고 했다. 가로 쳐진 줄에 휴업이라는 팻말이 붙었는데도 그는 줄을 들고 나를 끌어당겼다. 경계를 지은 줄 너머에 있는 작은 것들에 대해 작고 낮은 소리로 연신 말했다. 그곳에 여러 번 들러 익숙한 듯, 집을 가꾸는 영감님에 대한 존경의 말도 멈추지 않았다.
 아침부터 초가을 촉촉한 날씨가 나들이를 들뜨게 했는데, 점심을 먹고 난 뒤에도 여전히 습기를 머금고 있어 풀이 많은 뜰에는 생기가 돋았다. S는 인위적이지 않게 풀꽃을 돌보는 영감님의 손길이 있어 고맙다고 했다. 자연의 형상을 훼손하지 않으려는 정성이 구석구석에서 반짝인다고 손짓으로 눈짓으로 그 자리에 없는 영감님을 칭찬

했다. 나도 덩달아 그분의 모습을 상상하며 즐거워졌다.

아들내외가 커피를 내리고 손님에게 서비스하는 사이 아버지 영감님은 자연을 자연스럽게 그 집에 살려내고, 카페의 영업을 북돋우는 일을 한다. 예사롭지 않은 마인드로 만들어 놓은 나무토막 계단을 조심스럽게 밟으며 S가 왜 이 집에 빠졌는지 수긍이 갔다. 썩은 둥치에 낀 이끼조차도 영감님의 순연한 안목이라고 예찬했다. 잘나고 화려하고 인공적으로 만든 반듯한 명소는 많지만, 이런 카페는 쉽게 만날 수 있는 곳이 아니라고 했다.

그를 따라 2층으로 올라갔다. 문은 잠겼지만 사방이 유리라 내부가 훤히 들여다보였다. 그야말로 심플함 그 자체, 예상한 것보다 훨씬 더 낯설게 하는 분위기였다. 예전에 인테리어사업을 했다는 S의 취향에 무척 들어맞았나 보았다.

해물짬뽕을 먹은 후라 나는 커피가 지독하게 당겼지만, 그는 쉬이 떠날 생각이 없게 보였다. 어디서 키 높은 의자를 찾아와서, 1층 카페 유리벽을 등지게 놓고는 나더러 앉으라고 했다. 조금 두리번거리더니 또 다른 의자를 하나 가져와 나란히 놓고 자신도 뜰을 향해 앉았다.

도심지에서 떨어진 해안가에 늘어선 식당과 카페를 지나, 좁아지는 언덕배기 길에 들어서서도 막다른 끝 집을 향할 때 S의 혼잣말이 있었다. '차를 세울 데가 있을지…'라면서 어려움이 있더라도 꼭 가겠다는 의지가 느껴졌다. 그런데 뜻밖에 세울 데가 많았고, 알고 보니 휴업이었다. 그는 세운 차를 돌리고 싶지 않았나 보았다.

예약으로도 얻을 수 없는 자리, 의도한다고 가질 수 없는 희귀한 시간에 몸을 맡겼다. 나는 눈앞에 어른거리는 커피를 내려놓고, 뜰의 이야기에 마음을 더 기울였다.

방해하는 아무것도 없었다. 가끔 카페를 찾아온 사람들은 '휴업' 팻말을 보고 순순히 멀리서 발걸음을 돌렸다. 나비의 짝짓기가, 풀벌레소리가, 부딪히는 이파리의 몸짓이 그의 조곤조곤한 이야기에 섞였다. 가느다란 비가 한 번씩 내려 배경음악처럼 분위기를 더했다. S도 나만큼이나 비를 좋아해서 공통점에 서로 웃음을 머금었다. 둘이서 작은 자연의 이야기를 들었다.

푸른 하늘이 드러났다. 숙면에서 깨어나듯, 두 시간 꼬박 앉았던 키 높은 의자에서 일어섰다. 서로 바라보기를 좋아하지만 그리 친밀하지는 않아, 아직은 좀 예의를 갖

취야 하는 둘은 몹시 흡족했다. 빈 카페가 둘의 속을 가득 채웠다.(2022. 10.)

당신을 찾습니다

붉은여우

◆

붉은여우를 보았다. 소백산 자락으로 시큰둥하게 갔다가, 돌연 마음이 확 끌렸다. 여우우리에서 오래 시선을 거둘 수가 없었다. 눈앞에서 진짜 여우를 보게 될 줄이야. 예전에 동물원에서는 본 적이 있는지 없는지를 따지는 건 소용없는 일이었다. 이미 내 머릿속에는 동화책에나 등장하는 동물일 뿐이었으니. 그래도 일상의 대화 속에는 '못된 존재'로 자주 비유하여 나타나는 걸 보면 친근감이 있기도 한데.

"정말 여우가 있단 말이야?" 하면서 따라 나선 것이 예상을 넘어섰다. 실제 모습을 관찰을 하려고 나서기 전에 탐방객들은 먼저 사무실에 모였다. 사전 안내를 받는 잠깐 사이에 내 호기심이 자극을 받았다. 여우가 사라지게 된 이유가 '여우목도리와 쥐잡기운동'이란 말이 안내원 입에서 나온 때부터였다.

쥐잡기라고? 진저리치도록 싫던 쥐잡기운동에 나도 동참해 본 기억이 있기에 그 연관성에 솔깃했다. 쥐나 두더지 같은 작은 동물을 즐겨 먹던 여우는 그것들이 사라지자 자연스레 자취를 감추게 되었단다. 그리고 탐스런 꼬리 탓에 여우목도리 가공이란 명목으로 사라진 여우도 멸종위기에 크게 한몫했다. 생태계 파괴가 서서히 진행되었다. 우리나라에서는 2004년 강원도 양구에서 사체로 발견된 뒤로 사람의 눈에 더 이상 보이지 않게 되었다. 멸종위기 야생동물1급의 신분이 된 여우의 개체를 관리하기 위해 붉은여우 복원 프로젝트가 이루어졌다. 사라진 여우를 되돌려 놓기 위한 섬세한 시간들.

어떤 것 하나라도 제 자리에서 밀려나서는 이 세상의 그림이 미완성으로 되는 거다. 몇 해 전에 지리산에서 본 반달가슴곰이 떠올랐다. 그곳에서도 복원이란 힘든 시간이 생명을 되돌리고 있었다. 개체를 늘린 반달가슴곰 중에서 일부는 자연서식지에서 살아가도록 방사했고, 일부는 탐방객들이 볼 수 있도록 개방해 놓았다. 사과를 좋아한다는 귀한 반달가슴곰에게 준비해 간 사과를 던져 주었던 기억이 살아났다.

사무실에서 나와 우리로 여우를 보러갈 때는 마구 설렜다. 이야기 속에 나오는 여우의 행태 때문이었는지 모른다. '구미호'라든지 달밤에 휘리릭 돌아 요염한 색시로 변했다는 수상함이 자꾸 실눈을 뜨게 했다. 해설사와 함께 다가가 처음으로 여우를 맞닥뜨렸을 때 스르르 경계가 다 풀려 버렸다. 정면으로 보았을 때는 주둥이만 조금 뾰족할 뿐, 귀여운 애완견이었다. 나는 늑대처럼 큰 덩치를 생각했는데, 전혀 달랐다. 몸집이 크지 않았고, 위협적이지도 않았다. 붉은빛 털에 검은색 귀와 발등을 가진, 수줍어하는 모습까지. 그런 여우가 돌아서 뒤태를 보이니, 과연 여우목도리였다. 탐스럽게 굵고 긴 꼬리가 우아함 자체였다. 홀릴 듯 아름다운 그 모습에서 수상한 이야기가 꼬리에 꼬리를 물고 나왔을 것 같다는 생각이 밀려왔다.

한반도 인접 지역에서 들여와 개체수를 늘리려고 하는 붉은여우 복원과정을 자세히 들었다. 여우우리를 둘러보는 한 시간 동안에 요물이라는 생각은 사라지고 '사랑스런 여우'가 되었다. 전해 들었던 못된 것들은 이야기 속으로 들어가고, 내가 목격한 여우의 존재가 흐뭇한 미소로 내게 들어왔다.(2020. 1.)

새날 해돋이

◆

붉은 기운이 동녘 수평선 위를 점령하고 있는 해변. "와-" 감탄사로 합창을 한다. 조짐이 짙어질수록 심장이 조여 온다. 용광로의 불기운 같은 힘이 느껴진다. 5시5분 해돋이 시간이 임박하니 저마다 숨죽임으로 지켜본다.

그러다 소리가 터진다. 바다와 수평선 그 경계에서 촉수 높은 등 하나가 켜지듯 나타난다. 넓은 붉음 속에서 빛나는 점같이 수평선 위로 오른 해는 점점 불덩이로 커진다. 이제 걷잡을 수 없는 감탄사가 연발되어 해도 덩달아 서둘러 솟는다. 비로소 둥글고 선명한 새날의 해가 된다.

동인 열 명만이 정동진 해변에서 새날 해돋이를 맞는다. 여명이 완전히 걷히지 않은 모래밭을 조용히 밟으며 나는 좀체 가라앉지 않는 흥분을 누른다. 동인들도 마찬가지로 말을 줄이며 환희에 싸인 얼굴들이다.

"정동진"이라고 입을 모아 외치던 끝에 기어이 여기 와서 해를 맞았다.

해돋이를 처음 하는 것도 아니다. 많은 사람들이 그런 것처럼 나도 새해가 다가오면 어디에선가 해를 맞으려고 계획했던 적이 많았다. 올해도 마산의 구산면 높은 곳에서 바다 건너 산으로 떠오르는 새해 해돋이를 했다. 매일 보는 것이라고는 하지만, '새'를 달고 맞이하는 것에 늘 낯선 설렘을 담는다. 가족이 함께 지내던 예전에도 유독 해돋이여행을 많이 했다. 12월 31일이면 동해로 달려 첫날을 맞았다. 그렇게 여러 번 동해를 향해 다녔지만, 정동진까지 올라가지는 못했다. 그리고 일출을 기다리는 시간은 늘 꽁꽁 얼어붙었다. 12월과 1월의 경계에서, 동트기 전의 혹독함을 견뎠던 해돋이가 진하게 남아 있었다.

이번은 달라도 한참 달랐다. 6월 첫날을 달려 다다른 정동진이고, 쾌적한 바람이 살랑거리는 새날 해돋이었다. 코로나19로, 사회적 거리두기로 갇혔던 시간에서 조심스럽게 출발한 엄청난 자유였다. 내려다보거나 올려다보는 위치가 아니었다. 아무 걸림이 없는 곧바른 수평선으로 직면하는 해를 고스란히 가슴에 담았다. 의례적인 해돋이

무리들의 떠들썩함이 없는 해변은 여백으로 아름다움을 연출했다. 해의 빛으로 바다 물결이 채색되어 시시각각 장면을 바꾸었다. 사진에서나 봄직한 썰물이 만들어 내는 오색찬란한 둑을 감상하느라 나는 잠시 동안은 말을 삼켰다.

    우리의 새날이었다. 말로는 다 표현할 수 없는 행복이 해를 입은 물결로 밀려왔다.(2020. 6.)

바다와 수평선 그 경계에서
촉수 높은 등 하나가 켜지듯 나타난다.

작은이들이 생활하는 엠마오관 테라스

낯선 마카오, 귀한 유적

◆

 마카오 성지순례를 여행 리스트에 올려놓고 기다렸지만, 기회가 잘 오지 않았다. 이번에도 동료들은 성지순례 아닌 그냥 관광을 원했다. 마카오에서 김대건 신부의 발자취를 따라갈 수 없는 아쉬움 속에서, 그나마 성바울성당 유적과 도밍고성당이 일정에 있어서 약간 위로가 되었다.

 사람이 다 어디로 갔나 싶을 정도로 한가한 거리를 지나서 닿은 곳에 사람들이 바글거렸다. 우리 동료 다섯은 가이드를 놓치지 않으려고 바짝 붙었다. 패키지 그룹 중에서 눈에 난 대상이 되지 않으려고 집중했다. 애써 세월에 무너진 자세를 자주 가다듬었다. 가이드는 유적 아래로 있는 많은 계단을 조심하라는 말과 함께 찬찬히 성바울성당 유적을 설명했다.

귀를 기울이고 그가 가리키는 곳으로 눈을 크게 떴다.

로마의 예수회 선교사가 마카오에 건너와 가톨릭을 전파하기 위해 설계한 성당의 유적지이다. 나가사키에서 박해를 피해 온 일본인들의 도움으로 1637년부터 20여 년간 건축했다. 얄궂게도 세 차례나 화재로 인해 성전이 붕괴되었고, 자꾸 그렇게 되자 신의 뜻으로 여기며 더 이상 재건축을 하지 않게 되었다. 그래서 지금은 5단 구조의 정면 벽과 계단, 지하 납골당만 남아 있다. 듣기에도 안타까웠다. 그러나 허물어지다 만 이 유적은 오히려 독특한 모습으로 인해 독보적인 마카오의 상징물이 되었다.

가이드는 친밀한 용어로 하나하나 설명을 이었다. 정면 벽에 있는 성직자들의 청동상에는 뜻밖에 성 프란치스코 하비에르 신부가 있었다. 일본에 입국하여 험난한 선교활동을 했던 존경받는 분이다. 아시아지역 선교를 대변하는 성인이라서 익히 알고 있던 터라 참 반갑고 기뻤다. 에덴동산, 십자가, 천사, 악마 같은 성경 내용을 나타내는 조형들도 있었다. 중국 용과 일본 국화, 포르투갈 항해선과 같이 아시아에서 정착하기 시작한 가톨릭의 전파 과정을 조각으로 새겨놓기도 했다.

성전은 진즉 사라져서 한 벽면으로만 남은 유적이지만, 여행자들에게 둘러싸인 이곳이 내게는 뿌듯했다. 비록 전례가 이루어지지 않는 옛 성당 유적이라도 내 마음에는 주님의 거처라는 생각이 들었다.

좁은 땅 마카오에서 짧은 시간이지만 참 귀한 장소다. 번쩍거리는 호텔과 카지노로 연상되는 마카오에서 만난 귀한 성당의 역사이다. 성당도 아닌 '유적지'에서 알뜰한 시간을 가졌다. 유적 아래 긴 계단 끝에는 성도밍고성당이 있었다. 지금도 전례가 이루어지는 살아 있는 성당이지만 그 위 성바울성당 유적에 몰두했던 여행자들은 거의 지나쳐갔다. 붐비지 않아 다행이라 생각하며, 신자들은 성전에 들어가 잠깐이라도 조용하게 조배를 할 수 있었다.

오밀조밀한 구도시를 뒤로 하고 화려한 물쇼와 카지노가 있는 떠들썩한 신도시로 간다는 가이드의 말에 여행자들의 얼굴이 훅 붉어졌다. 설렘과 두려움을 서로 말했다. 모두들 낯선 생애 첫 경험을 상상하며 들떴다.(2024. 3.)

로마의 단감나무는

◆

문득, 큰 서운함이 몰려왔다. 이제 로마의 단감나무를 대면할 일이 사라졌다는 현실이 다가왔다. 추억의 존재로, 아니면 작품 속에서 그리워할 수밖에 없게 되었다. 로마 외곽에 있는 샬트르 성 바오로 수녀원의 정원에서 잘 살고 있는 단감나무이야기이다.

수녀언니가 삼십오 년이나 되는 로마생활을 갑자기 접고 귀국했다. 예상 못한 중병으로, 그곳 생활을 싹둑 자르고 날아왔다. 처음에는 언니의 생사가 걱정이었지만, 수술을 끝내고 조금씩 안정을 찾고 나니 단감나무에 대한 아쉬움이 꼬리를 물었다.

아주 오래 전 휴가 온 언니가 대구의 아버지에게서 얻어 간 모종을 로마의 수녀원 정원에서 키웠다. 한국을 그리워하며 아버지에 딸린 사람들을 그리워하며 정성스레 돌보았다. 한국 단감나무가 로마 땅에서 신통하게 잘도 자랐다. 1997년 가을 내가 처음 그곳을 방문했을 때 단감을 주렁주렁 단 나무가 넓은 정원에서 단연 돋보였다. 그때는 이미 아버지가 세상을 떠난 뒤라 그 나무가 예사롭지 않았다.

나는 돌아와 수필 '로마의 단감나무'를 썼고, 몇 년 뒤에 첫 수필집을 내면서 『로마의 단감나무』라고 책제목도 붙였다. 로마와 단감나무는 내게 단단히 연고지가 되고 소중한 이름이 되었다. 언니를 통해 나무에 대한 소식이 오고갔다. 그 후로 두 번 더 이탈리아 여행을 할 때에도 중요 관심사는 단감나무였다.

이태 전, 라다크 여행에서 고산병으로 죽을 만큼 힘들었던 나는 먼 거리 여행을 접을 때가 되었다고 느꼈다. 마지막으로 로마를 거쳐 이탈리아 남부를 여행하고 유럽은 끝내겠다고 마음먹었다. 언니와도 코로나바이러스가 수그러들기를 기다리며 의견을 주고받았다. 언니는 졸지에 한국 땅을 밟았고 여행은 수포로 돌아갔다. 유럽 여행은 막을 내린 것 같다.

언니가 그 정원에서 거닐고 있을 때에는 나무가 내게

도 가까이 있는 것 같았는데, 이제 멀기만 하다. 감이 달린 것까지는 보고 왔다고 언니는 말했다. 감이 익어 가는 건 누가 알려줄 것이며, 까치가 맛있는 감을 모조리 쪼아 놓았다는 푸념은 누구에게 들을 것인지.

문학의 고향까지는 아니더라도 내 문학의 옹달샘 로마의 단감나무가 자꾸 눈에 어른거리는 날들이다. 병상에 누운 언니는 나으면 또 이탈리아에 가겠느냐고 묻는 사람들에게 절레절레 고개를 흔든다. 단감나무 위로 흐릿한 아버지가 떠오른다.(2021. 9.)

내 문학의 옹달샘

로마의 단감나무

황광지 수필집

작은 평화

발행일 2024년 8월 31일
지은이 황광지
발행처 김리아
　　　　　불휘미디어
　　　　　경상남도 창원시 마산합포구 오동동10길 87
　　　　　(055) 244-2067
　　　　　2442067@hanmail.net

가격 15,000원
ISBN 979-11-92576-62-6 03810